Rudolf Schoch

Über Boners Sprache

Rudolf Schoch

Über Boners Sprache

ISBN/EAN: 9783743389144

Hergestellt in Europa, USA, Kanada, Australien, Japan

Cover: Foto ©ninafisch / pixelio.de

Manufactured and distributed by brebook publishing software (www.brebook.com)

Rudolf Schoch

Über Boners Sprache

UEBER
BONERS SPRACHE

INAUGURAL-DISSERTATION

DER

HOHEN PHILOSOPHISCHEN FACULTÄT DER UNIVERSITÄT ZÜRICH

ZUR

ERLANGUNG DER DOCTORWÜRDE

vorgelegt im März 1881

VON

RUDOLF SCHOCH
von Bauma.

Begutachtet von den HH. Prof. L. TOBLER und H. SCHWEIZER-SIDLER.

FRAUENFELD
J. HUBER's BUCHDRUCKEREI
1881

Einleitung.

§ 1. *Neue Handschriften. Literatur zu Boner. Der Dichter.* — Zu den von Pfeiffer S. 186 ff. seiner Ausgabe aufgezählten Handschriften kommen hinzu: *a.* Die in der St. Galler Stiftsbibliothek liegenden Nr. 643 und 969,7 des von Scherer ausgegebenen Catalogs; *b.* die in der Berner Stadtbibliothek liegende, über die mir Hr. Dr. Vetter in Bern verdankenswerthe Mittheilungen macht. Die Handschrift, ehemals der Bibliothek von Spiez angehörig, enthält Lücken und Umstellungen und steht nach Hrn. Dr. Vetters Mittheilung der Handschrift D. am nächsten. Es ist eine Pap. Hs. aus dem 15. Jahrhundert, bezeichnet: Ms. Hist. Helv. X. 49. Titel und Einleitung fehlen; sämmtliche Ueberschriften fehlen; die Handschrift beginnt Fab. 22: In einem zite das beschach... Auch nachher fehlen einzelne Fabeln, sowie die ganze Reihe 71—83. Hr. Dr. Vetter hält dafür, dass die Ausbeute aus dieser Handschrift nicht gross sein werde.

Die Literatur zu Boner hat Gottschick in seiner Dissertation: « Ueber die Zeitfolge in der Abfassung von Boners Fabeln. Halle 1879 » S. 4 angemerkt. Ueber das Sprachliche handeln: 1. Gottschick selbst in seiner citirten Schrift; 2. Schönbach bei Zacher, Z. f. d. Ph., VI, besonders S. 250 bis 254; 3. Gercke, Programm der h. Bürgerschule zu Northeim. Northeim 1874. S. 4—21: « Die dialektischen Eigenheiten des Ulrich Bonerius. »

Sch. hatte seine Untersuchung bei Gelegenheit der Anzeige der Gercke'schen Arbeit geführt und dabei als Argument zur Stütze seiner Ansicht über die Reihenfolge der Boner'schen Fabeln unter Anderm auch die unreinen Reime benutzt; G. vertheidigte hierauf die bisherige Anordnung und wies im Wesentlichen nach, dass eine grosse Zahl der von Sch. als unrein bezeichneten Reime in Boners Dialekt als rein gegolten haben (vergl. z. B. S. 7 u. 8 bei Gottschick).

Neuerdings hat nun Sch. im Anzeiger zu Haupts Zeitschrift, XIII, Heft 1, S. 29—36, zugegeben, dass sein auf die Verhältnisszahlen der unreinen Reime gestütztes Argument dahinfalle, im Uebrigen hält er seine Ansicht über die Zeitfolge, in welcher der Dichter seine Fabeln abgefasst hat, aufrecht.

Es ist zum Schluss noch aufmerksam zu machen auf Lachmanns Anzeige der Benecke'schen Ausgabe des Boner (vergl. Lachmanns kl. Schriften S. 81 ff.).

Was die Persönlichkeit des Dichters anbetrifft, so ist immer noch auf Germ. I, S. 117 und die lit. Handbücher zu verweisen. Herr Staatsarchivar M. v. Stürler in Bern, den ich anfragte, ob er unterdessen neue Auskunft über den Dichter gefunden habe, theilte mir in sehr verdankenswerther Weise eine Abschrift der s. Z. von ihm an Pf. eingesandten Zusammenstellung dessen mit, was sich über die Familien Boner und Ringgenberg Urkundliches ergibt; neue Daten über Boners Leben weiss er nicht beizubringen. Dass gerade U. Boner der Verfasser des Edelsteins sei, lässt sich urkundlich nicht belegen, wird aber durch die Widmung an Johann von Ringgenberg — sei es nun der ältere oder der jüngere — zur höchsten Wahrscheinlichkeit erhoben. Beachtenswerth ist auch, dass Boner Sprüche aus Freidank entlehnt hat, was auf die Zeit der Abfassung schliessen lässt.

§ 2. Die Benützung der Handschriften und ihr Verhältniss.

— S. 255 seines Aufsatzes «Zur Kritik Boners» in der Z. f. d. Ph. VI sagt Sch., nachdem er die durch die Reime belegten dialektischen Eigenheiten der Fabeln Boners aufgezählt hat, Pf. habe viel der «gröbsten Umgangssprache Angehöriges» in den Text aufgenommen; weiterhin redet er von massenhafter Aufnahme grober dialektischer Formen und kommt zu dem Schluss, dass, wer eine Spezialuntersuchung über Boners Dialekt ausarbeiten wolle, vorerst den Text neu zu bearbeiten haben werde. Hiebei wäre dann eine strengere Verwerthung der Handschriften nothwendig (S. 255 ff.); Sch. macht verschiedene, darunter gewiss unzweifelhaft richtige Besserungsvorschläge und stellt S. 264 ein Schema der Handschriften zusammen, wonach Pf. auch in der Berücksichtigung der Handschriften geirrt hätte und besonders B. — gewiss nur, weil es mehr Mundartliches enthält — eine unrichtige Berücksichtigung gegenüber C. hätte zu Theil werden lassen. Man vergleiche darüber, was Pf. S. 188 seiner Ausgabe sagt und bemerke noch, dass Sch. a. a. O. selber zugibt, dass C. flüchtig und mangelhaft geschrieben sei. Noch in seiner Besprechung der Gottschick'schen Dissertation im Anzeiger gibt Sch. zu, dass B. uns mehrere unreine Reime gegenüber A. und C., deren Vorlage sie zu entfernen suchte, erhalten habe. Oft sind wir, wo A. uns im Stich lässt, genöthigt, uns auf B. zu verlassen; denn auf C. ist in zweifelhaften Fällen desswegen kein Verlass, weil diese Handschrift alle ältern oder provinziellen Ausdrücke ändert, oft gegen den Sinn, den sie sogar in's Gegentheil verkehrt. C. lässt auch einfach in andern Fällen unverstandene oder zur Umschreibung zu grosse Schwierigkeiten bietende Stellen weg.

Aus einer grossen Zahl von Stellen geht die Gewaltsamkeit des Verfahrens von C. hervor; im Verlaufe der Untersuchung

werden sich manche Stellen zeigen, wo wir auf B. angewiesen
sind. Wenn A. und B. allerdings durch den Reim nicht
bewiesene Eigenheiten enthalten, so verlässt dafür C. die
dialektischen Eigenheiten auch dann, wenn sie durch den
Reim gesichert sind. So setzt der Schreiber von C. selten
die gen. pl. auf -en; 52,97 setzt er liute, 47,1 tiere u. s. f.
Dass er auch den Reim nicht achtet, zeigt sich z. B. 18,3,
wo er eigenmächtig kam : nam setzt. Ferner ändert er 21,53
des unreinen Reims wegen ; 33,17, 12,45 ändert er ebenso
den Reim u. s. f. Völlig zerstört C. den Reim 58,75, 15,11.
Da A. und C. ursprünglich aus einer Vorlage geflossen sind,
so ist die Wichtigkeit von C. nicht zu unterschätzen, da aber
die ursprüngliche Vorlage von B. dem einstigen Original
offenbar näher stand, was sogar B. gegenüber A. und C.
noch durchblicken lässt, so wird sich an der Pf.'schen Reihenfolge der Handschriften nichts ändern lassen.

§ 3. *Pf.'s Standpunkt zu dem Dialekt.* — Sch. stellt
sich also a. a. O. S. 255 auf den Standpunkt, dass nur
soweit die Reime unbedingt dazu zwingen, dialektische Abweichungen angenommen werden dürften. Im Uebrigen hätten
wir die sogenannten gemeinmhd. Formen entgegen der Ueber-
lieferung einzusetzen. Man weiss nun, dass Pf. der Annahme
einer mhd. Schriftsprache gegenüber eine reservirte Stellung
im Gegensatz zu Lachmann und seiner Schule eingenommen
hat; man vergleiche seine Schrift: «Ueber Wesen und Bildung der höfischen Sprache in mhd. Zeit.» Wien 1861.

Ein Beweis dafür, dass Pf. die separate Stellung der
Dialekte festhielt, ist der Umstand, dass er zuerst den Begriff
«md.» einführte, während Grimm am Rhein, in Hessen etc.
schon eine allgemeine mhd. Sprache glaubte voraussetzen
zu dürfen. Was Pf. schon für das XIII. Jahrhundert glaubte
annehmen zu müssen, gilt in erhöhtem Maasse für das

XIV. Jahrhundert, in welchem die Mundarten noch weiter auseinander treten. Vergl. auch: Paul: «Gab es eine mhd. Schriftsprache? Halle 1873.» Paul leugnet die Existenz einer mhd. Schriftsprache geradezu. Gegen ihn wendet sich allerdings Heinzel im Jahrgang 1874 der Zeitschrift für östr. Gymnasien bei Gelegenheit der Besprechung des ersten Bandes von «Paul und Braune, Beiträge».

Von diesem prinzipiellen Standpunkte aus ist Pf.'s Stelluug zu den dialektischen Eigenheiten der Handschriften zu beurtheilen, und wenn Sch. bemerkt, Pf. habe als Schweizer sich unbefangenen Blick hier kaum erhalten können, so lässt sich dem entgegenhalten, dass wohl er gerade leichter als jeder andere diese dialektischen Eigenheiten kennen musste. Benecke, der doch kein Schweizer war, ist in seiner Ausgabe der Handschrift A. noch viel treuer gefolgt als Pf., weil er z. B. die Schreibung von e = æ, von s = z beibehält; ebenso bietet er die von Sch. getadelten i, die g = j, die «went» u. s. f. Man vergleiche auch Ettmüllers Ausgabe der Gedichte Hadloubs, in welcher die i, went, g = j, ch = h auch stehen. So hat auch Vetter in seiner Ausgabe des Schachzabelbuches, Aarau 1877, sich bestrebt, der Sprache des Dichters so nahe als möglich zu kommen, zugleich allerdings auch die sprachlichen Eigenheiten des Schreibers, soweit sie nicht bloss Willkürlichkeiten sind, nicht zu verwischen (s. Ein. S. IV). Auf einige Punkte wird später noch eingetreten werden müssen.

§ 4. *Die Reime und ihre Beweiskraft.* — So richtig im Uebrigen der Grundsatz ist, nur Formen in den Text aufzunehmen, die durch den Reim belegbar sind, so wenig ist er und zwar speziell bei Boner durchführbar. Eine Menge Wörter und Endungen können nicht im Reime stehen, weil sie entweder nicht ton- oder an und für sich nicht reimfähig sind, wie z. B. mensche, das A. und B. immer in der durch Urkunden und die heutige Mundart belegbaren Form mönsch(e) bringen, das aber Pf., obschon er so viele durch Trübung entstandene ö aufnimmt, den Handschriften belassen hat. Ferner lassen uns die Reime über den Anlaut eines Wortes natürlich im Stich. Ueber die Ausgänge der Wörter kann allerdings auch ihr metrischer Gebrauch theilweisen Aufschluss geben; wir haben bei Boner z. B. das Wort herbrig in dialektischer Form 48,75, 74,18, sehen aber, dass er es zweisylbig braucht und dürfen daher nicht wagen, herberge einzusetzen. Auch Sch. nimmt übrigens diese Form, die A. bietet, gegen das von Pf. 72,8 eingesetzte «des hûses» in Schutz, obschon herbrig nicht reimbewiesen ist (s. Sch. zu 72,8 S. 262). Aehnlich verhält es sich mit hebken (s. Sch. zu 49,58), das Sch. selbst genöthigt wird gegen Pf.'s vogeln in den Text zu setzen und das wieder nirgends im Reime steht.

§ 5. *Benutzung der Urkunden.* — In andern Fällen wird uns dieses Hülfsmittel im Stich lassen; alsdann bleibt uns nichts anderes übrig, als die Urkunden und andern literarischen Denkmäler beizuziehen. Weicht des Dichters Sprache von der Sprache der Urkunden nicht ab, was man aus den reimbewiesenen dialektischen Formen des Dichters erkennen kann, so beweisen diese dialektischen Reime mittelbar auch für die reimunerwiesenen. Wenn Boner im Reime Formen wie hein 15,11, gehebt 48,3, vich 67,21, dür 99,31, esellî 82,15, besint 49,23, 62,53 ü. v. A. braucht, so dürfen wir nicht anstehen, seiner Sprache dialektischen Charakter zuzugestehen. Dem Studium der Sprache eines Dichters hat auf möglichst ausgedehnter Grundlage das Studium der Urkunden und übrigen literarischen Denkmäler vorauszugehen, die dem Dialekte des Dichters angehören, damit zwischen dem, was dem Dichter gehört, und dem, was den Schreibern gehört, geschieden werden kann; und damit durch Urkunden bewiesene dialektische Formen aus den Handschriften in den Text aufgenommen werden können, auch wenn sie im Reime nicht erwiesen sind.

§ 6. *Ueber « wellent ».* — Nun enthalten die ältern, gleichzeitigen und spätern bernischen Urkunden, um ein Beispiel zu nehmen, das angefochtene went, ferner sun, sond etc.; Boner selbst braucht went und wellent, je nachdem er dem Vers gerecht werden kann; so went 4,$_{3\text{r}}$ etc. (s. einige Stellen auch bei Gercke S. 17); wellent hingegen findet sich 19,$_{33}$, 41,$_{61}$, 23,$_{13}$, wo es zweisylbig zu lesen ist. Man vergleiche übrigens hierüber Lachmann zu Iwein 1554. Ja, man kann hier die Sache geradezu umkehren und sagen: die sogenannte gemeinmhd. Form wellent muss für einen Dialekt, dem went eigen ist, ebenso gut wie irgend eine andere Form erwiesen sein; went ist für Boner weniger auffallend als wellent, sofern man überhaupt eine Form aufffallend finden will; wellent steht aber nie im Reim. Dieses letztere Beweisverfahren lässt sich auch auf andere Formen anwenden.

Wenn in der Vorrede 1 anegênde : ende reimen, so wird man darin entweder eine Aenderung der spätern Schreiber — denn B. hat anegenge — sehen, oder dann, wenn schon der Dichter den Reim gebraucht hat, zugestehen, dass er dem Sprachgebrauch entgegen eine Wortform geschaffen hat, die von den Urkunden nicht als bestehend erwiesen werden kann. Gottschick rechnet den Reim daher S. 23 zu den unreinen Reimen. So könnte der Dichter durch seine Reime unter Umständen sogar irre führen, wenn man sie ohne Weiteres seinem Sprachgebrauch zuschriebe.

§ 7. *Reimverhältniss bei Boner.* — Vorhin wurde schon bemerkt, dass es bei Boner mehr als bei einem andern Dichter schwer halte, gewisse Laut- und Wortformen zu erweisen; der Grund liegt in der Beschaffenheit seiner Reime überhaupt. Das Verhältniss der stumpfen zu den klingenden Reimen ist bei Boner — die von Sch. in den Text eingesetzten Verse mitgezählt — das von 20 : 1 (3142 auf 168) (vergleiche dagegen Lamprecht v. Regensburg, ed. Weinh. S. 30). Daraus resultirt eine grosse Eintönigkeit im Reim. Von Endungen, die den Accent tragen und daher stumpf reimen können, nenne ich z. B. die lateinische Endung ô in scorpiô 91,$_{67}$, aquilô 83,$_{13}$; -us: Papirius 97,$_{2}$, Bonêrius Epilog $_{45}$ u. A.; von deutschen Endungen: die Dominutivendungen lîn und lî, die Verbalendung ôt u. A. Die Endung -ære — zum Zeichen, wie geschwächt sie im Allgemeinen schon war — findet sich nur vollständig 84,$_{75}$ und 60,$_{7}$, nach vorausgegangener unbetonter Sylbe; nach langer Sylbe haben wir richter: heimlîcher 9,$_{39}$, welchen Reim Sch. zu den unreinen stellt, worin ihn schon Gottschick S. 13 korrigirt hat.

§ 8. *Die i in den Endungen.* — Unter diesen Umständen bleibt keine Möglichkeit, die, wie Sch. sagt, zahllosen i in den Endungen zu erweisen. Zahllos sind sie, obschon Pf. aus A., wenige unorganische ausgenommen, nahezu alle aufgenommen hat, nicht. (Anm.: Unorganisch z. B. 34,$_{14}$ wissint das [nach A.]; ferner 44,$_{9}$ beidi, wo i offenbar, wie auch in Urkunden, aus ü zu erklären ist.) Denn nach einer ungeführen Zählung werden sie 150 nicht erreichen. Wenn wir bei Hadloub 50,$_{5}$ z. B. klagin : gisagin gereimt finden, so wäre dies erst kein streng beweisender Reim; es müssten Reime sein, wie sie das md. Schachbuch Z. f. d. A. XVII 386 bietet, z. B. gevangenin : in 244,$_{11}$, jungirin : sin 175,$_{25}$.

§ 9. *Gründe für das Ueberwiegen der stumpfen Reime.* — Ein Hauptgrund für dieses starke Uebergewicht der stumpfen

Reime ist die Apokope des tonlosen e in Reimen wie: swær: unmær 28,9, schôn: trôn 74,57; schier: tier 44,12, 47,71, 79,9; mier: schier 62,43. Ein weiterer Grund ist die Synkope des tonlosen e, z. B. in verkêrt: vermêrt 51,29; stirbt: erwirbt 32,27: verruocht: suocht 34,37; halbz: alz 47,121 (zu letzterm Reim vergl. altd. Stud. S. 45 zu 262). Ein dritter Grund liegt in den nach dem Ausfall von Cons. vorgenommenen Contractionen, wofür Sch. a. a. O. S. 254 Beispiele gibt; endlich wird viertens nach den dentalen t und d in der Conj. die ganze letzte Sylbe abgeworfen und zwar im Præs., 3. P. sing., und besonders auch im Præt. der sw. Verben (s. Sch. Z. f. d. Ph., S. 254). Doch werden nicht alle tonlosen e im Reime abgeworfen: diesesSchicksal trifft vornemlich das e der Adverbien, während wir daneben noch Reime wie swære: mære 7,3; wære: mære 79,13, 57,81; êre: kêre 28,31 u. A. treffen. Eine fünfte Ursache der Seltenheit klingender Reime ist bei Boner der Umstand, dass er es noch verschmäht, Worte mit kurzem Stammvokal, darauf folgendem einfachem Cons. und stummem e in der Endung klingend zu gebrauchen, wie dies z. B. in dem von Steinmeyer in den altd. Stud. besprochenen jüngeren Gedicht vom Riesen Sigenot, das St. um's Jahr 1350 ansetzt, geschieht (s. altd. Stud. S. 84). Die klingende Betonung zeigt sich bei Boner sicher nur in zwei Fällen, nämlich 62,9 und 100,19: sitten: vermitten und vermitten: ritten (vergl. dazu die Stelle 58,13: sitten: vermitten, wo man im Zweifel sein kann; die beiden Verse haben je vier Hebungen). Man vergleiche dazu C. v. A.: sitte: mitte 605, 841 u. A.: gestritten: erlitten 2239. Bemerkenswerth ist, dass t in diesem Fall geminirt wird.

§ 10. *Ausfüllung der Senkungen.* — Aber nicht nur im Reime, sondern auch im Verse begegnen wir den Geminationen, namentlich des t, wo es gilt, eine Senkung auszufüllen, z. B. vätterlich 22,$_{65}$, schatten 9,$_{10}$, vatter 5,$_{22}$, 52,$_{46}$ und so immer; wetter 29,$_{22}$ u. A. Da noch heute in der Schweiz der gem. Cons. wirklich gesprochen wird, und er kein bloss graphisches Zeichen ist, so darf an dieser Erscheinung nicht leichten Sinns vorbeigegangen werden. Pf. und B. haben im Allgemeinen diese Gem. aus A. herüber genommen; nicht herüber genommen hat sie Pf. im Imp. (Præt.) von hân, wo er, kaum richtig für jene Zeit, hâten einsetzt. Reimbeweise für das gekürzte Præt. finden sich 65,$_{40}$, 62,$_{34}$, 12,$_{45}$ immer im Reim auf kurzen Vocal. Da Pf. auch das Præsens als hât ansetzt, so ensteht leicht Verwirrung. Vetter hat im Schachb. die Gem. des t ebenfalls beibehalten. Nicht gefolgt sind B. und Pf. der Handschrift A. in dem Falle, wo sie nach langem Vocal oder Diphthong f verdoppelt, z. B. riffe 42,$_{28}$, schâffes 43,$_{91}$ u. ö.; tuiffelichen 43,$_{96}$; man bemerke wieder das abweichende Verfahren im Schachb. S. VII. Die Gem. auch nach langem Vocal sind gerade ein Zeichen, dass wir sie durchaus nicht aufzufassen haben wie die Gem. unserer nhd. Schriftsprache.

Hier möge noch einer andern Erscheinung erwähnt werden, die die Metrik und ihren Einfluss auf die Sprache betrifft. Im Allgemeinen werden bei Boner nach l und r die stummen e nicht einmal gesetzt; wo aber eine Senkung ausgefüllt werden soll, da treffen wir Schreibungen wie beren 73,$_{62}$, aren 16,$_{34}$ (neben arn : varn 16,$_{5}$), gespilen 15,$_{29}$ (neben gespiln 15,$_{15}$, wo nachher «die» in die Senkung fällt); kelen 18,$_{19}$ u. v. A., ja sogar einmal in einer Handschrift zoren (zorn). Auch das sonst abfallende e der Adv. erscheint in solchen Fällen wieder und zwar, weil es hier leicht spätere Nachhülfe sein kann, häufiger, als Pf. es in den Text aufgenommen hat. Ich kann hier auf die Untersuchung Wilmans in der Zeitschr. f. d. Gymn. 1870, S. 594 ff., wo er von dem Bestreben der Dichter, die Senkungen auszufüllen, ebenso von den Fällen, wo diese nur scheinbar fehlt, spricht (1. sog. vokallose Sylben; 2. Sylben mit circumflectirter Länge), nicht weiter eintreten und unsern Dichter somit auch nicht auf die Resultate jener Untersuchung prüfen.

Boners Sprache.

§ 11. *Methode bei der sprachlichen Untersuchung. Hülfsmittel.* — Nach meiner Ueberzeugung sind viele Herausgeber mhd. Dichter der spätern Zeit bis anhin bei der Untersuchung der sprachlichen resp. dialektischen Eigenheiten der Dichter zu wenig methodisch zu Werke gegangen. So erscheinen meistens in friedlichem Verein zusammengestellt wirklich ungenaue Reime, die nicht dem Dialekte zufallen, und solche, die ihre Erklärung in der dialektischen Aussprache finden und somit eigentlich als rein anzusetzen sind. Reime erster Art gehören in die Metrik und haben mit der Sprache an sich nichts zu thun. Ein anderer Irrthum ist oft neben dem ersten zu treffen, nämlich der, dass gewisse Schwankungen namentlich in der Quantität und zum Theil auch in der Qualität der Vocale kurzweg dem Dialekt zugeschoben werden, ohne dass, besonders für Werke der Uebergangsperiode aus der mhd. in die nhd. Sprache, erwogen wird, welche Erscheinungen auf allgemeiner wirkende Gesetze zurückgeführt werden können und welche nicht. Der Umfang der Einwirkung eines solchen Gesetzes mag in den einzelnen Dialekten allerdings verschieden ausfallen, Zeit und Ort sind also jedenfalls immer auch hier in Berücksichtigung zu ziehen. Soll eine Untersuchung auf diesem Fusse angestellt werden, so genügen natürlich die Reime nicht mehr ausschliesslich, sie können auch nicht mehr allein ausschlaggebend sein und daher muss noch einmal die oben schon berührte Wichtigkeit der Urkunden, der Volkslieder, der Chroniken u. s. f. betont werden. Auf diese Weise steigt der Werth einer sprachlichen Untersuchung allerdings auch mit der Schwierigkeit derselben.

Folgende Hülfsmittel konnten benutzt werden:

1) Zeerleder, Urkunden zur Geschichte der Stadt Bern, dieselben schliessen mit dem Jahr 1300 ab. Deutsche Urkunden finden sich erst seit 1267 und sind nicht alle sprachlich hieher zu ziehen (vergl. z. B. gerade die Urkunde Nr. 500, Bd. II, bei Zeerl.). Verglichen dürfen werden, neben Eigennamen in den lat. Urkunden früherer Zeit, die Nummern, Bd. II, 624, S. 146; 784, S. 307; 858, S. 401, und 859, S. 402.

2) Mittheilungen des hist. Vereins des Kantons Bern.

3) Die Berner Chronik des C. Justinger, ed. Dr. Studer. (Justinger erhielt 1420 vom Rathe den Auftrag, «der Stadt vergangene und grosse Sachen» aufzuzeichnen.)

Aus Liliencron liess sich wenig entnehmen. Die von L. beigebrachten, hier verwendbaren Volkslieder finden sich bei Justinger. Man vergl. übrigens über die schweiz. hist. Volkslieder: Tobler, Mitth. des hist. Vereins des Kantons Bern, VII, S. 305 ff.

Als etwas ferner stehend sind noch zu nennen:

4) Hadloub, ed. Ettmüller.

5) C. v. Ammenhûsen, Schachzabelbuch ed. Dr. Vetter.

A. Unreine Reime.

§ 12. *Vocalisch unreine Reime.* — Anschliessend an das über die Metrik Bemerkte, lassen sich hier die der Metrik zufallenden unreinen Reime abhandeln. Zusammenstellungen finden sich schon von Gercke S. 20 ff., von Sch. Z. f. d. Ph., VI, S. 252—254. Correcturen und eine vollständigere Zusammenstellung finden sich bei Gottschick S. 6 ff. Ich unterlasse es daher, die an den genannten Orten gegebenen Nachweise jeweilen zu wiederholen.

Die grosse Frage ist nun zunächst die: Welche von den Reimen von kurzem auf langen Vocal sind wirklich als unrein aufzufassen? Nach Sch. S. 252 ohne Weiteres Alle. Gottschick sagt S. 15: «Wenn man die grosse Zahl der über das ganze Werk vertheilten ungenauen Reime erwägt, so gewinnt es in sehr vielen Fällen den Anschein, als sei sich der Dichter einer Ungenauigkeit des Reimes gar nicht bewusst gewesen.» Er wendet dies dann speziell auf die Reime auf «man» an und trifft im Uebrigen keine Entscheidung. Wenn Pf. in seiner Ausgabe die ungenauen Reime erst erzeugt, indem er die in den Handschriften nicht durchgeführten Längenbezeichnungen setzt, so darf man nicht ohne Weiteres schliessen, dass Pf. sie für Boners Dialekt und Zeit als wirklich unrein angesehen habe. Die Ausgabe von B. schliesst sich auch hierin A. viel genauer an. A., wie es uns im Zürcher Druck überliefert ist, ermangelt des Längenzeichens nicht ganz; A. setzt es immer z. B. auf rût, ferner gerne auf i und u, auch etwa auf dem ersten Vocal eines Diphthongs, wie z. B. auch die Iweinhandschrift B. u. a. Consequenz und Richtigkeit kann nicht erwartet werden; doch haben einzelne Wörter das Zeichen fast ohne Ausnahme. Ohne vorzugreifen, bemerke ich, dass ich die kleinere Zahl als wirklich unrein ansehe; entweder werden die Sylben schwankend gebraucht oder unter Einfluss folgender Consonanten gedehnt resp. gekürzt; die grösste Zahl wird daher der Uebergangsperiode zur Last fallen, wo das Gefühl für die Quantitäten erloschen oder am Erlöschen war; theilweise sind auch dialektische Besonderheiten darin zu finden; es ist ja schon bemerkt worden, dass Beides in Wechselwirkung stehe. Reime aber wie rôt : got 68,31, din : ungewin 71,33 muss ich allerdings unter allen Umständen als unrein ansehen. Bei allen übrigen möchte ich eine Entscheidung so bestimmt nicht abgeben, sie wird auch kaum in diesem Sinne zu geben sein; doch davon noch später.

Die Reime auf ê : æ und, wenn man sie hieher ziehen will, die auf e : ë zeigen, so selten sie sind, immerhin, dass man einen Reim damals kaum für ungenau hielt, sofern Gleichheit der Articulation vorhanden schien; auch hierin zeigt sich theilweise ein Anbahnen des nhd. Standes. Doch haben die schweiz. Mundarten im Allgemeinen den Unterschied der verschiedenen e-Laute getreu bewahrt.

Die Reime auf e : ê bei Gercke S. 20: wêr : Jupiter 25,13, Jupiter : wer 79,11 stelle man zusammen mit Jupiter : wer 66,45, Jupiter : her 79,37.

Obschon A. fast durchgehend für æ e setzt, so reimen doch die æ, obige Fälle ausgenommen, wo das fremde Jupiter im Reime steht, nur unter sich, ebenso anderseits die ê. Wenn Boner richter : heimlicher auf einander reimt, so ist anzunehmen, dass ihm das -ter in Jupiter wie das -ter in richter erschienen sein mochte, als eine noch tonfähige, aber in ihrer Klangfarbe und ihrer Quantität schwankend gewordene Sylbe. Vetter hat die Schreibung ê = æ im Schachbuch festgehalten (vgl. dass. S. IV), obschon auch dort die ê und die æ nur unter sich reimen. Wir haben es also hier nicht mit der md. Erscheinung zu thun (mhd. Gr. § 67).

§ 13. *Consonantisch unreine Reime.* — Was die consonantisch unreinen Reime betrifft, so habe ich nur auf Sch. Z. f. d. Ph. VI, S. 253, auf Gottschick und Gercke zu verweisen, mit der Bemerkung, dass sie dort, theilweise wenigstens, Boners Dialekt zur Last gelegt werden. Gottschick macht S. 18 ff. eine z. Th. unrichtige Zusammenstellung der völlig unreinen Reime. Die Reime m : n oder umt : unt, int : imt, s : z, cht : ht zähle ich nicht hieher, da sie im Dialekt nicht unrein waren. Die Reime leben : benemen 27,23, geben : nemen 100,29 werden von Sch. Z. f. d. A. XVI, 221 mit den in der St. Cæcilia vorkommenden gebent : nement zusammengestellt. Er verweist auf Jänicke, altd. Stud., S. 59, wo diese Reime als dialektisch aufgefasst werden. Es ist zu lesen: gên : nên 100,₁₉. Wenn aber Jänicke auch Reime wie lên : (= leben) nên u. a. annimmt, so ist er in der Annahme von Zusammenziehungen zu weit gegangen. AC. resp. ihre Vorlage ändern an erster Stelle. gê(n) = geben existirt wje nê(n) = nemen heute noch schweiz. dialektisch. Wenn wir bei Boner z. B. 40,₄₀ gent im Verse finden, wo der Vers es verlangt, so werden wir diese Form nicht ändern wollen.

Reime von Tenues verschiedener Organe auf einander, wie sie auch bei Boner vorkommen, beruhen auf der Homogenität der Tenues und sind natürlich nicht als Uebergänge derselben in einander zu fassen und der Sprache des Dichters zuzuschieben; es sind, wenn man diesen Ausdruck vorzieht, Assonanzen. In Salomo und Morolf reimt z. B. korp : dort 11 79 ; andere Beisp. Z. f. d. A. XVI, 221.

In den Gruppen rb : rd, nge : nde begreift sich die Möglichkeit eines Reimes leicht; den Reim auf nge : nde kann man auch zu den Reimen auf nt : ng stellen. Auch Spiranten versch. Organe stehen im Reim, theils im Auslaut (59,₅₁, 75,₁₁, 85,₁₇, wo AC. ändern), theils vor t 49,₇ (die Pf.'sche Verszählung in Fabel 49 ist irrig) gemacht : gevatterschaft. Zur dialektischen Eigenart ist der Uebergang von f in ch im Chattischen und Ripuarischen geworden (vgl. mhd. Gr., §§ 218, 225). Doch hört man noch heute im Kanton Bern schüfter (schüchtern) und Wiftrach (Wichtrach). Andere oberdeutsche Beispiele finden sich im Reinfried 6991, 15629, 19711, doch nur vor t. Der Ausfall von r, resp. die Verlängerung des vorhergehenden Vocals durch das vocalische Element in r ist auch anderwärts zu belegen (vgl. mhd. Gr. § 195, S. 175 oben, für's md. § 196. Schon Otfried reimt widerort auf nôt und gebôt, so 1,₂₂, ₂₂, 3,₈, ₇ u. A.

Zu den Reimen, die consonantisch unrein sind, gehören

nach Gottschick auch die zwei Reime 50,63, 99,47 kunst : vernunft. Die Form vernunft kommt nach dem mhd. W. II, 376b erst im 14. s. auf (vgl. Weig. W. B.³, S. 1000), somit wäre es erlaubt, bei Boner noch kunst : vernunst anzusetzen. C. v. A. hat 3,201 den Reim kunst : vernunst. So schreibt auch Pf. (A. hat 50,63 vernunft). B. setzt vernunst in den Text (vgl. mhd. Gr. §§ 145, 189, 190). Der Wechsel der Spiranten ist eine Erscheinung allgemeinerer Art. Die Erklärung dieses vor dem Suffix ti entwickelten Spiranten f oder s ist zwar noch streitig (man vgl. Grimm Gr. II² 198 ff. und v. Bahder, die Verbalabstracta, Halle 1880, S. 69—72, und beachte dort das Zahlenverhältniss der auf n ausgehenden Wurzeln zu den wenigen auf m ausgehenden, S. 72).

Weinh. (al. Gr. § 177) und Sch. halten den Abfall des t für eine mundartliche Eigenheit des Alemannischen; so allgemein ausgesprochen ist die Behauptung entschieden unrichtig. Auch in der mhd. Gr. hält Weinh. § 177 daran fest, doch mit richtiger Hervorhebung des Falles, wo s dem t vorausgeht. Wir kommen auf diesen Fall später zurück. Abfall des t ist sonst eine md. resp. fränkische Erscheinung (mhd. Gr. § 183). Boner hat nach Sch. zwei hieher gehörige Reime: 1) gewan(t) : gestân 10,27. An dieser Stelle leitet die Lesart von C. auf das Richtige; C. fasst deutlich gewan = mhd. gewon, und wir haben gar nicht nöthig, des Sinnes wegen Abfall des t anzunehmen und ein gewant zu construiren (vgl. übrigens mhd. W. III, 803 b); gewanlich findet sich bei Zeerl. II, S. 402, ist also der Mundart genehm gewesen; 2) beschach : bedacht 87,43 (AC. ändern). Die übrigen in der al. Gr. § 177 für Abfall des t gesammelten Beispiele tragen sehr den Charakter der Vereinzelung und müssen durch weitere Beispiele vermehrt werden, bevor eine allgemeinere Erscheinung für das Alemannische daraus gemacht werden darf. Sch. geht S. 259 zu 44,38 so weit, dass er sagt,

„Apokope und Abstossung des t sind im Reim häufig;" allerdings' nach den Dentalen d und t in der Conjugation. Ob aber dies auch wie dort auf solt anzuwenden ist?

B. Erscheinungen der Uebergangsperiode.

Den einzelnen obd. Dialekten kann eine Erscheinung der Uebergangsperiode in höherm und geringerm Grade zukommen, Zeit und Ort sind auch hier zu beachtende Factoren.

a. Vocalisches Gebiet.

§ 14. *Schwanken der Quantitäten der Vocale.* — An die Spitze will ich das Schwinden des Gefühls für die Quantitätsverhältnisse stellen, zugleich aber bemerken, dass gerade diese Erscheinung im al. Dialekt spät eingetreten ist, ja dass die heutigen schweiz. Mundarten — und gerade die bernische — die alten Quantitätsverhältnisse in sehr vielen Fällen treu bewahrt haben. Schon sehr früh beginnt die Störung im mnl. (Grimm Gr. I³ p. 264 ff.). Spuren hat Braune schon bei H. v. Veldecke nachgewiesen. Scherer, z. G. d. d. Spr., sagt S. 77, dass im nd. schon im XII. s. alle kurzen Stammsylben gedehnt werden. Wie wir S. 9 schon gesehen haben, verhält sich Boner in dieser Beziehung noch sehr ablehnend. Je mehr der Accent die Kraft des Wortes auf der Stammsylbe vereinigt, um so mehr geht die Schwächung der Ableitungs- und Flexionssylben vor sich. Diese Schwächung zeigt sich namentlich im Verwischen des Unterschiedes zwischen tonlosen und stummen Sylben, denn beide können abfallen. Weinh. hat diese Erscheinung für's Bairische schon im XIII. s. nachgewiesen (vgl. mhd. Gr. § 30 und Lamprecht v. Regensburg S. 23 ff.). Im md. finden sich die Synkopen und Apokopen ebenso, doch verhält sich dasselbe hierin im Allgemeinen spröder (vgl. mhd. Gr. § 37). Hier mag auch nochmals die Schreibung eines e nach liq., unter Nichtbeachtung eines mhd. Apokopirungs- resp. Synkopirungsgesetzes, einer metrischen Fordrung zu lieb, betont werden. Vgl. S. 10. Als Gegenstück darf erwähnt werden der Antritt eines unorganischen e in der Subst.-Decl. und in der Conj., besonders im Imperativ, z. B. tribe 14,23; swinge 17,13; die Handschriften bieten es häufiger, so A. 88,28 lâze u. ö. (vgl. übrigens mhd. Gr. § 354). Hier mögen auch die Reime von kurzem auf langem Vocal ihre Stelle finden, obschon nicht bloss der Accent hiebei ausgleichend wirkt, sondern auch lautliche Einflüsse. Die Bindungen von langem und kurzem Vocal finden sich nämlich besonders vor r, n, l, deren Natur es mit sich bringt, dass das in ihnen liegende vocalische Element eine Sylbe dehnen kann. Sogar der sorgfältige Hartmann hat sich im ersten Büchlein und im Iwein 5522 den Reim man : hân erlaubt, wo Lachmann, wie mir scheint, unter Pauls begründetem Widerspruch (P. u. Br. Beitr. I S. 325), geändert hat (s. Lachmann z. Iwein 5522). Man vergleiche auch, was Wilmans Z. f. d. A. XVI S. 113 ff. über Otfrieds Verskunst sagt, und beachte namentlich SS. 119, 121 u. 124. Im Uebrigen verweise ich noch auf mhd. Gr. §§ 15 u. 55. Die Reime aufzuführen, darf ich mir ersparen, da sie bei Gottschick vollständig stehen; ich habe nur bei ihm 39,1 began : ungetân nicht gefunden. (Er müsste doch S. 12 stehen.) Es mag bemerkt werden, dass die heutige Mundart das n im ungedeckten Auslaut hat fallen lassen, wobei der lange, unnasalirte Vocal zurückgeblieben ist, und zwar auch in Fällen, wo die Schriftsprache Kürze bewahrt hat, z. B. in «Mann». (Anm.: Sing. mâ, hingegen im Plural manne.) Wo ein Vocal hinter geminirtem n gestanden hat oder noch steht, da ist die Kürze, sowie die Gemination erhalten. In Reimen wie began : ungetân hat sich die Kürze des a jedenfalls erhalten, da die kurzsylbigen oder besser kurzvocalischen Formen jenes Verbs einwirkten; ebenso verhält es sich mit gewinnen : gewan. Wie weit sonst die Dehnung des a vor n schon vorgedrungen sein musste, zeigt Gottschicks Zusammenstellung S. 15; 80 Mal reimt «man» ungenau oder, wie wir richtiger sagen sollten, auf ursprüngliche Länge, und nur 49 Mal (S. 16) reimt es genau. Auch da, wo es genau reimt, ist die Annahme, es seien die beiden auf n ausgehenden Wörter unter dem Einfluss des n gedehnt, nicht abzuweisen.

Dass auch h resp. ch auf vorausgehendes a dehnend wirkt, ist schon im Ahd. nachzuweisen, bei i und u tritt bei Notker Diphthong ein. Gleiches lässt sich auch vor der Spirans z nachweisen (mhd. Gr. § 55). Doch sind bei Boner Reime auf âs : as, âz : az selten (s. Gottschick S. 11).

Dass, wie bei a, die Dehnung auch bei ë und i vorkommen kann, dass aber der verhältnissmässigen Seltenheit der Bindung wegen Beispiele seltener sind, möge mit Hinweis auf mhd. Gr. §§ 64, 70 nur kurz erwähnt werden. Weinh. stellt (mhd. Gr. § 55 S. 54) auch die Bindung ât : at neben die z. Th. schon genannten, wohl mit weniger Recht; es steht allerdings fest, dass schliesslich vor jeder einfachen Consonanz Dehnung (einzeln auch schweiz.) hat eintreten können, allein ât : at hätte doch gesondert besprochen werden sollen, da die Verhältnisse, zumal bei Boner, lange nicht so einfach liegen. Mit Ausnahme von zwei einzigen, unreinen Reimen: gât : stat 99,$_{53}$ und grât : phat Vorr. $_{25}$ handelt es sich hier nämlich immer um Formen des Verbums haben (hân). Wie der Infinitiv und die 3. Pers. sing. des Præs. bald als Länge, bald als Kürze, gebraucht werden, lehrt Weinh. al. Gr. S. 383 und mhd. Gr. § 377 S. 369. Was den Inf. betrifft, so vgl. man Reime wie hân : began 9,$_{14}$; vreissan : hân 8,$_{15}$; hân : dan 59,$_{29}$ mit folgenden: plân : hân 4,$_{23}$ (bei Pf. fehlt auf plûn das Längezeichen); hân : getân 3,$_{47}$; 6,$_{5}$ u. s. w. Auch Lach. zum Iwein 2112 weist ein han nach.

Was die 3. Pers. sing. des Præs. anbetrifft, so reimt weitaus in der Mehrzahl von Fällen hât auf rât, wût, stât, gât u. a. entschieden lang. Kurz reimt es: hât : stat 5,₄₂, 9,₃₅, 53,₁₇; hât : mat 77,₃₉, 86,₂₉; hât : lat 89,₄₉ (wovon nachher noch). Man beachte aber, dass stat 99,₅₃ auch auf gât reimt (ich betrachte den Reim als unrein). Verwirrung entsteht nun aber, weil Pf. auch die 3. Pers. des Præt. als hât ansetzt, worauf dann Sch. und Gottschick Reime dieses Præt. auf stat, mat etc. als unrein ansetzen. Sie hätten schon al. Gr. § 373 S. 383 das Richtige gefunden, denn Weinh. führt wenigstens zwei Reime aus Boner an, wo das gekürzte «hat» im Reime gebraucht wird. Dies sind aber nicht die einzigen Stellen; Sch. selbst führt S. 254 Anm. schon 9 Stellen für das Præt. an, setzt aber hâte an. Ich nehme das Præt. resp. Plusq. an in folgenden Fällen: 9,₁₇, ₂₁; 12,₄₅ (C. setzt hette : wette); 43,₅₃; 45,₃₇; 49,₅₇; 54,₁; 56,₂₃; 62,₃₃; 65,₃₉; 71,₄₁; 76,₁₅; 82,₃₅; 96,₉; 100,₁ und endlich, als speziell anzuführen, 55,₆₉; 72,₆₅. Es sind dies nämlich die einzigen Stellen, an denen das Præt. auf eine lange Sylbe gereimt wird: wart : hât 55,₆₉ und hât : stât 72,₆₅. B. hat 5,₄₃ hât : vart, statt hât : stat. Zieht man das von Weinh. a. a. O. Gesagte in Erwügung, berücksichtigt man ferner, dass A., wie schon früher bemerkt (S. 10), nur Formen mit tt kennt oder dann nur das einfache hat für's Præs. und Præt., dass Just. ebenso hat und hatt, hattent (conj. hette) gebraucht, dass endlich C. v. A. im Reime 476 auch stat : hat gebraucht (vgl. übrigens dort S. IX), so wird man keine langen, höchstens schwankende Præt.-Formen ansetzen. Verwirrung durch die Formen des Præs. konnte mit unterlaufen; heute ist das Præt. ja ganz geschwunden.

Zu 16,₄₅ schat : mat, 89,₄₉ hât : lat bringt Pf. in den bisher, wie es scheint, noch von Niemandem bemerkten Verbesserungen die Formen schât und lât in Vorschlag, jedenfalls irrig, da hier Abfall der Endung anzunehmen ist, allerdings so, dass nach dem Schwinden des Vocals e in schadet, ladet als auslautender Consonant t aus dt entstehen musste (vgl. mhd. Gr. §§ 351, 378, Lach. zu Iwein 2190). Wenn vor r, l, n, ch, z Dehnung anzunehmen ist, so ist hingegen Kürzung anzusetzen in den Reimen -rich, -lîch auf sich u. A., da diese Compositionstheile mehr und mehr als Endungen empfunden werden mussten (s. die Reimverzeichnisse mhd. Gr. § 16). In der flectirten Form hat die Länge eine Stütze gefunden; man bemerke den Reim unwirdiglîche : rîche 1,9 u. A.

In den Reimen ânt : ant nehme ich ebenso Kürzung des a an, der zwei folgenden Consonanten wegen, die zur Kürzung drängten: hânt : ermant 32,15, hânt : erkant 98,39 u. ö. Uebrigens ist ja in diesem Falle hant wie han und hat (S. 20) zu beurtheilen; doch mag hier der vorhin genannte Grund mitgewirkt haben.

In Paul und Braune Beiträge II S. 21 nimmt Schaumbach für das mittelfr. in Reimen wie wort : gehort ebenso Kürzung an. Man vgl. aber für das Alem. al. Gr. § 43, wo Weinh. richtig Dehnung ansetzt; die Ursache derselben liegt in dem r. Sonst reimt worten auf orten bei Boner mehrmals.

Auf die Reime der verschiedenen e unter einander ist schon oben (S. 14) hingewiesen worden. Auch sie gehören zu den allgemeinern Spracherscheinungen der Uebergangszeit, wobei allerdings zu bemerken ist, dass die Erscheinung schon älter ist (vgl. übrigens mhd. Gr. § 29). Das zweimalige Vorkommen von gebærde : ërde 1,33, 43,85 kann vor rd nichts Auffallendes haben; Beispiele des umgelauteten â = ê sind md. Eigenheit (s. mhd. Gr. § 67); ebenso die Dehnung des e, namentlich vor r (§ 69).

§ 15. *Reime von iu auf û.* — Wenn Sch. S. 252 sagt: dass iu auf û in einer ziemlich grossen Anzahl von Fällen reime, so versteht er darunter wohl die Reime sûr : crêatûr 13,7, 41,5; kreatûr : slûr 51,19; natûr : sûr 47,19, 60,29, in denen ich aber keinen Beweis für seine Behauptung sehen kann. Es ist zu beachten, dass Fremdwörter hier im Reime stehen und dass streng beweisende Beispiele nicht vorkommen, wie Weinh. mhd. Gr. § 83 welche citirt. Boner reimt im Gegentheil: viure : gehiure 43,67; tiure : viure 48,125, 57,25; viur : tiur 74,10. Bekanntlich reimt das md. û auf iu (vgl. z. B. mhd. Gr. § 86. P. u. Br. Beitr. II S. 21).

b. Consonantisches Gebiet.

§ 16. *Auslautsregel.* — Um auf die Consonanten überzugehen, muss zuerst mit Hinweis auf Gercke S. 14 der mhd. Auslautsregel gedacht werden. Gercke führt dort Beispiele auf, in denen sie nicht beachtet ist; er hätte aus den Handschriften noch viel mehr Stellen beibringen können, denn Pf. hat mit einigen Ausnahmen, die vielleicht bloss Versehen sind, trotz A., das Gesetz befolgt, nur nicht, wie es scheint, auf dem Gebiet der Gutturales und p für b und t für d in seinen Text aufgenommen. Gerckes zwei Beispiele beweisen nichts, das zweite fällt ohnedies weg, da lide der Conj. und also e abgefallen ist. Was das -g betrifft, so ist zu beachten, dass Pf.'s Ausgabe mit Ausnahme zweier nachher zu erwähnender Fälle das hier sonst eintretende c nicht kennt; dass aber k im Dialekt etwas anderes bedeutet, als die reine Tenuis. Für h tritt ch regelmässig im Auslaut ein, vgl. C. v. A. SS. VI u. VII; auch bei ihm herrscht dort dasselbe Schwanken im Auslaut; übrigens bemerkt Vetter, g herrsche gegenüber k vor. Boner hat nach n kein k = g mehr, wie C. v. A. und Hadloub, der noch getwanc : undanc reimt. C. v. A. reimt c = k und c = g einige Mal auch nach Vocalen. Boner hat als hier zu erwähnende Reime: starc: verbarc 31,21 (stark: verbarg A.); Gouchesberc: werc 65,55 (Gouchensberk D.).

Von diesen Boner'schen Reimen gedenke ich nachher noch zu sprechen; hier sei gleich erwühnt, dass der zweite Freidank 82,8 (ed. Bezzenberger) entnommen ist und daher nicht als dialektisch beweisend gebraucht werden darf. Dort lauten die Verse:

> Wisiu wort und tumbiu werc
> diu habent die von Gouchesberc.

§ 17. *Reime von s auf die Spirans z.* — S. 17 sagt Gottschick: s reime auf z 81 Mal, ferner 25 Mal unter sich und in 89 Fällen z unter sich. Der Unterschied zwischen der Spirans z und s musste offenbar verwischt gewesen sein. In der Ausgabe des C. v. A. weicht Vetter darin von Pf. ab, dass er s nach den Handschriften beibehält, während Pf. ändert. Man vgl. noch Junker u. d. tr. H. S. 24, wo der Wechsel auch vorkommt, ebenso md. Schachbuch, Z. f. d. A. XVII, S. 382, Abfassungszeit 1355. Ich führe keine weitern Belege an und verweise nur noch auf mhd. Gr. § 186. Statt hierin eine dialektische Eigenheit erblicken zu wollen, ist eher mit al. Gr. § 185 der alemannischen Mundart ein theilweise bis heute andauerndes Festhalten des alten z eigen. Die heutige Berner Mundart kennt noch «Bitz» neben «Biss» in abweichender Bedeutung. Allgemein dialektisch sind schutz = Schuss und hirz, ziemlich verbreitet auch grüezen; büezen bedeutet ausbessern, daneben ist aber auch büessen geläufig, in nhd. Bedeutung. Wie sehr für A der Unterschied zwischen z und s verwischt war, zeigen Beispiele wie palaz 47,67 (A) u. a., zum Theil später noch zu erwähnende. Z für s findet sich auch in andern Handschriften. Just. hat immer waz (erat). Ueber den lautlichen Vorgang hiebei vgl. z. G. d. d. Spr.² SS. 129 f. und 183 f. Anm.; dagegen P. u. Br. Beitr. I SS. 168, 529, Heinzel, Z. f. östr. G. 1874 S. 185. Ueber das Verhalten des Fränk. s. Braune, P. u. Br. Beitr. I S. 8.

§ 18. *Schwanken zwischen f und v.* — In der Z. f. d. Gymn. 1870 S. 385 ff. hatte Wilmans eine Zunahme des labio-dentalen f gegenüber dem labio-labialen v nachzuweisen gesucht; zunächst stehe es vor Cons. im Anlaut und ebendaselbst vor u, uo und ue, später nehme es vor andern Voc. im Anlaut und im Inlaut überhand. Ihm tritt Weinh. mhd. Gr. § 159 Anm. entgegen, der einen phonetischen Unterschied nicht für erweislich hält. Immerhin ist zu constatiren, dass A. z. B. f häufiger setzt als Pf. es in den Text aufnimmt, der im Ganzen jener von Weinh. a. a. O. bemerkten Regel folgt. A. gebraucht immer vrouwe, aber sonst frêizan 62,₄₉; frêiz 63,₄₆; fliechen 73,₁₃; fin 81,₂₄; flos 77,₂; gefochten 78,₁₃; hefen 77,₇; dagegen auch haven 77,₄₉. Einzeln finden wir also f im Inlaut und im Anlaut vor andern Voc. als u, uo oder ue (vgl. zu C. v. S. A. VII, Junker u. d. tr. H. S. 21). Dass der Schreiberwillkür hier grosser Spielraum gelassen war, lässt zich begreifen; doch ist A. in dieser wie in mancher andern Beziehung gar nicht etwa regellos und darf füglich berücksichtigt werden. Kaum wird die Unterscheidung von f u. v für unsern Dichter mehr als eine orthographische gewesen sein (vgl. noch zu Iwein S. 363). Ben. schliesst sich auch hierin A. wieder genauer an.

§ 19. *Uebergang von sc in sch.* — Ueber den Uebergang von sc in sch (s. mhd. Gr. §§ 188 u. 190 und C. v. A. S. VI. Zweimal hat Pf., nämlich 15,₃ und 20,₅₄, geschlechte aufgenommen; 49,₅₀ hat A. geschlecht, 49,₈₄ aber geslecht, Pf. setzt beide Mal geslecht.

Wenn man an die heutige Mundart denkt, die an- und inlautend das s vor andern Cons. consequent aspirirt — denn in der Schriftsprache ist die Bewegung bei sc und bei s vor n, m, w stehen geblieben — so kann man sich des Gedankens nicht erwehren, dass, wie in andern Beziehungen, die Schrift hinter der thatsächlichen Aussprache jener Zeit her hinkte und daher nur ein unvollkommenes Bild des wirklich Gesprochenen bietet. Einen indirecten Beweis kann man in den Schreibungen von A., die bisweilen auftreten, froez 46,1,4, froes 68,1, fleiz 45,33 u. A., sehen, die man sich so erklären kann: s und das ursprüngliche spirantische z hatten sich gemischt, s aber wurde in sehr vielen Fällen wie sch gesprochen, folglich tauchte auch das für ursprüngliches s gesetzte irrige z da auf, wo man hätte sch schreiben sollen (vgl. übrigens al. Gr. § 189). Dass s und sch verwechselt würden, zeigen AC. 80,31, wo sie erlœset statt erlœschet schreiben (vgl. Pf.'s Anm. in den Varianten. Von den cons. Geminat. war schon oben (SS. 9 u. 10) die Rede (man vgl. noch C. v. A. S. VII unter f und S. VI unter t). Bemerkenswerth ist dort namentlich als Parallele zu 62,9 der Reim sitte : mitte 605.

§ 20. *Wechsel von ch und h.* — Was die Gutturales betrifft, so kann auf den immer mehr zunehmenden Gebrauch von ch für h, wo dies noch nicht zum Hauchlaut geworden oder ab- oder ausgefallen war, hingewiesen werden (vgl. mhd. Gr. § 215 und § 216 und für's md. §§ 218 und 219). S. 253 tadelt es Sch., dass Pf. überall cht für ht geschrieben habe: er führt selber zwei Reime an, wo ch auf ch = h reimt. Vom XIV. Jahrhundert ab werden wir unbedenklich das ch einsetzen dürfen. Hadloub reimt z. B. 1,6,1 sæche : bræche und braucht sechen : jechen 21,1 u. ö. klingend. Was C. v. A. anbetrifft, so verhält es sich bei ihm allerdings anders (man vgl. S. VII unter ch). Pf. ist übrigens nur der Handschrift A. gefolgt, die zwischen Voc. und vor t immer ch setzt, Benecke setzte, A folgend, ch = h auch zwischen Voc.

§ 21. *Erscheinungen aus dem Gebiete der Flexion und Syntax.* — Der Singular- und Pluralablaut — um noch Einiges aus der Flexionslehre anzuführen — sind bei Boner noch unangetastet. Was jedoch den sogenannten grammatischen Wechsel anbetrifft, so sind als Beispiele zu nennen verkôs 64,₁ (im Reim auf verdrôz), dagegen verlôr 60,₂₉ (wo das Längezeichen fehlt, wenn man es doch einmal beibehalten soll), 75,₃₁, ₆₅; 86,₃₃; verliurt 58,₇₉; 80,₃₅.

Pf. hat, dem Gebrauch der Handschriften entgegen, aber entsprechend der heutigen Mundart, in der 1. Pers. pl. von sîn nicht die aus der 3. Plur. entnommene Form sint eingesetzt (man vgl. z. B. 70,₃₄). CDE setzen sint, A hat sîn. 23,₈ setzt Pf. gegen alle Handschriften sîn, ebenso 15,₂₄ (vgl. mhd. Gr. § 347 S. 336). Gercke führt S. 15 Beispiele des flectirten Pron. ir an; es wäre nur zu erwähnen gewesen, dass daneben auch noch die unflectirte Form, die noch bei Just. zu finden ist, steht; der Gebrauch richtet sich nach der Stellung im Verse; so muss z. B. 24,₉ offenbar eine Senkung ausgefüllt werden, ebenso 43,₃; vgl. dagegen 43,₈,₉ (vgl. noch C. v. A. S. IX). Dass Just. und spätere noch das alte iro haben, bemerke ich mit Hinweis auf al. Gr. S. 457. Pf. setzt, trotz A., im Dativ 2. Pers. Pl. noch iu, so 7,₃ und 43,₆₃,₈₁. Im Reim steht das Wort nie, wohl aber bei C. v. A. 2357 drü : ü, sonst haben die Handschriften auch dort üch. Ebenso steht es auch im Junker u. d. tr. H. Für das indefinite swer, swie etc. ist mit Ausnahme von 7,₂₀ swie, 73,₆₄. 75,₁₆ (nur A) das Fragepronomen wer etc. eingetreten (vgl. C. v. A. S. IX, mhd. Gr. S. 482). Im md. Schachbuch Z. f. d. A. XVII findet sich z. B. swen 165,₄, swo 178,₂₉ u. A.

Schon Lach. hatte in seiner Kritik zu Beneckes Ausgabe auf die, wie er sagt, unrichtige Decl. des Pronominaladjectivs selp aufmerksam gemacht. Es ist nicht nöthig, Stellen zu citiren, da fast jede Fabel solche bietet. Ueber die Auffassung dieser Form ist auf mhd. Gr. § 481 und Weig. II S. 691 f. zu verweisen. Bemerkenswerth ist die Form ir selbers witzen 78,48, ir selbers nôt 54,34 ([selbes BC] vgl. auch C. v. A 1459), sin selbers. Pf. hat das diser der Handschriften z. Th. nach B. u. A. in dirre geändert (mhd. Gr. § 467). Die adjectivisch declinirte Form inen kommt oft vor und es verhält sich, was ihren Gebrauch betrifft, wie mit der Flexion des ir. Das erweiterte denen kommt erst bei Just. vor (vgl. Weig. I S. 356). Einzeln findet sich auch kein für enkein, und öfter für dekein; 87,9 z. B. kein swæri = enkein, wo die Stellung im Verse die kurze Form verlangt. Belege für kein = dekein z. B. 87,4 u. ö. Wir sehen also, dass die beiden «kein» sich mischen (s. mhd. Gr. § 474); dekein findet sich als Indefinitum noch viel später. Dass dô und dâ sich in den Handschriften mischen, ist begreiflich; ein Schwanken im Gebrauche wird in der Sprache der damaligen Zeit eingerissen sein, dâ wurde in dô getrübt (vgl. übrigens Weig. I S. 338 f.). Pf. setzt z. B. dâ 12,34 gegen alle Handschriften; 38,2 vertheidigt Sch. dô in ABCE gegen Pf. Bisweilen ist natürlich ein temporales dô ebenso wohl möglich als ein lokales dâ.

Im Ergänzungsband zu Z. f. d. Ph. S. 316 ff. hat Dittmar das Schwinden der Negation ne im Nebensatze im Alemannischen an das Ende des XIII. s. gesetzt. Im Hauptsatz steht es noch oft, allein fast ausnahmslos in Verbindung mit einem andern Worte von negativer Bedeutung, wie nicht, kein, enkein u. s. f. Beide, nicht und kein, verneinen anderwärts schon aus sich; Beispiele anzuführen ist unnöthig. Ich nenne nur die Stellen, an denen ne für sich allein noch im Hauptsatze verneint.

Sie sind sehr beschränkt und stehen nur in Verbindung mit
wissen und ruochen: 32,₄, 15,₃₀, 98,₆₆. Die betreffenden
Stellen hat schon B. in seinem Wörterbuch zu Boner angemerkt (S. 389 [doch 98,₆₆ statt 98,₆₈ bei ihm]). Gerade
bei wissen, ruochen mit folg. Fragewort haftet ne länger
(vgl. überhaupt hierüber Wackernagel in Hofmanns Fund-
gruben I S. 269 ff.). Ueber die Fortdauer des ne resp. en das.
S. 273. Vergleichen wir z. B. noch Junker u. d. tr. H.; Kinzel
hat S. 67 die Fälle zusammengestellt; in allen diesen aber ist
es verbunden entweder mit nit, niemants etc.
C. v. A. hat, so viel aus den von Vetter herausgegebenen
Stücken zu ersehen, ne im Hauptsatze nicht mehr selbständig
für sich, sondern nur mit nit etc. verbunden gebraucht;
z. B. 410 nit enkan; 484 nit entspart; 2095 so enwiste —
nienâ. Auch dieses pleonastische ne, wie Wack. es nennt,
ist sehr selten. Mit dem Schwinden des ne geht Hand in
Hand der Gebrauch von nicht als blosser Negationspartikel;
es ist zu beachten, dass die Handschriften da und dort es
nicht mehr mit dem Gen. construiren, so setzen 57,₆₇ AC.
das — nit sagen; 50,₄₉ A. das pherit — nit ensach (C. des
pferdes); 49,₈₉ das er nicht soll hân (Pf.); (ACD. setzen
des). Hier darf angeschlossen werden, dass der Gen. bei
Verben in einzelnen Fällen gemieden wird. Hierauf hat
schon Jänicke in den altd. St. aufmerksam gemacht (S. 46
zu 417). Doch behält A. bei jehen den Gen., z. B. 61,₇₆
des muos ich jechen; ebenso 60,₅₀, wo CDE das haben;
61,₆₆ des mordes — verjechen; 88,₁₆ daz gert CEb. 17,₃
setzen bei jehen alle Handschriften das (vgl. noch Z. f. d.
A. XVII S. 508. Weitere Beispiele hiefür aus Boner zu
sammeln, mag einer neuen Ausgabe vorbehalten bleiben. In
dieser Zeit scheinen auch die Ableitungen der Verben von
Comparativen, wie 49,₃₃ erhœhert ein Beispiel bietet, auf-
zukommen (vgl. Z. f. d. A. XVII S. 516 zu 14553).

Hiemit schliesse ich den Abschnitt über die allgemeinern Erscheinungen der Uebergangsperiode, allerdings mit dem Bewusstsein, den Gegenstand nicht erschöpft zu haben. Namentlich musste meistens auf eine zeitliche und örtliche Begrenzung einer Erscheinung und auf den Nachweis, wie weit ihre Verbreitung im Einzelnen ging, verzichtet werden; denn so lange man die sprachlichen Untersuchungen nicht allgemeiner auf diesem Fuss führt, wäre es über den Rahmen einer Arbeit, wie die vorliegende, hinausgegangen, das nothwendige Material zu gewinnen. Manche Erscheinung wäre, wie oben z. Th. schon angedeutet, schon weit früher oder als anderwärts mit grösserer Intensität wirkend, nachzuweisen gewesen; es ist schon mehrfach von Andern bemerkt worden, dass die zweite Hälfte des XIII. s. in mancher Beziehung zu unserer Periode gezogen werden muss.

C. Speziell dialektische Erscheinungen.

a. Vocalisches Gebiet.

Wenn ich nun zur Zusammenstellung der dialektischen Eigenthümlichkeiten gehe, so gilt hiebei zunächst das kurz vorher Bemerkte wieder; man wird suchen müssen, dieselben örtlich und zeitlich zu bestimmen, und es ist zunächst nicht gesagt, dass die Boner'schen Eigenthümlichkeiten nicht auch anderwärts nachzuweisen seien. Ich beginne mit einigen vocalischen Erscheinungen und lege wo möglich die Reime zu Grunde. Um Wiederholungen zu vermeiden, bemerke ich, dass neben dialektischen Lautgestalten immer auch solche einhergehen, welche dem Dialekt zunächst nicht gemäss sind, z. B. neben har ein her u. s. f. Dieser Umstand mag zum Beweise dafür dienen, dass der Dichter, wo ihn Reimnot zwang, zu abweichenden Formen seine Zuflucht nahm, denn demselben Dialekt wird man verschiedene Wortgestalten nur in wenigen Fällen zuzählen können, nämlich in solchen, wo Wörter im Reime ihre volle Gestalt annehmen, die auch tonlos in geschwächter Gestalt vorgelehnt oder angelehnt werden können. Aber für solche Formen braucht nicht absolut der Bestand einer gemeinmhd. Sprache angenommen zu werden, von der der Dichter nur mit Bedenken abgewichen wäre; schon Sch. hat z. B. nach dem Vorgang Anderer bei Boner Stellen nachgewiesen, die auch bei Freidank sich vorfinden. eine andere Stelle ist oben (S. 23) citirt worden; sobald wir aber in einzelnen Fällen Entlehnung oder eine gemeinsame Quelle anzunehmen gezwungen sind, werden wir uns auch in andern Fällen der Annahme der Anlehnung an Andere nicht verschliessen können. Auch Herbeiziehung von Formen aus nahe verwandten Dialekten, die dem Dichter bekannt sein mochten, liegt nicht ausserhalb der Möglichkeit. Bei der oben (S. 8) nachgewiesenen Beschränkung in den Reimwörtern sind solche Annahmen nicht von vorne herein abzuweisen.

§ 22. *har : her.* — Schon Sch. und G. haben auf das har im Reime aufmerksam gemacht; es findet sich 9 Mal gereimt auf war, nar und gewar, so 15,31 u. s. f.; die Form har wird eine Analogiebildung nach dar sein; dagegen reimen her : ber 73,23, her : ger 79,61. Dem Dialekt gehört die erstere Form an; Belege aus Just. u. s. f. sind nicht nöthig beizubringen (mhd. Gr. § 21).

§ 23. *Der sog. Beilaut.* — Unorganischen Umlaut haben wir 33,21 in velsch : welsch und in nemen : (ze)semen 94,52 (mhd. Gr. § 28), wobei zu bemerken ist, dass der Mundart zsemen heute noch geläufig ist. Pf. verweist in den Varianten zu ersterer Stelle auf H. v. Fritzlar. Der erste Reim findet

sich bei C. v. A. III 209, velsch : welsch. Hier darf auch der
Reim dür : stubentür (mhd. gr. § 53) erwühnt werden; «dür
und dür» kann man noch heute im Kanton Bern hören.
Im Text gebraucht Pf. dur, sowie durch z. B. 95,75, 76.
Weinh. hat diese Erscheinung in den Wiener Sitzungsberichten Bd. XXXV S. 135 Beilaut genannt und das franz.
aime verglichen. (Züber 48,69 ist aus zwibar entstanden,
üb aus ubi.) Unter diesen Umständen dürfen wir uns über
unächte ö, die meist aus ë oder e sich entwickelt haben
(al. Gr. § 28), nicht aufhalten; im Reim kommen sie nicht
vor, sind aber durch die Urkunden und die heutige Mundart
erwiesen; einzelne solcher ö stehen auch in der Schriftsprache z. B. in löschen, schöpfen, schwören, zwölf u. A. Pf.
gebraucht im Text zwar frömde, auch einzeln dört (vgl.
aber dort : wort 61,79), meidet aber mönsche. Bemerkenswerth ist der ü-Umlaut in gelüffen 29,16, 43,51 (A.). (S. d.
Varianten zu 29,16 u. vgl. al. Gr. S. 232, mhd. Gr. § 344.)
Vom Præt. aus, das auch bei C. v. A. bezeugt ist, 447 lüffent,
lüf 540 (vgl. hiezu Braune P. u. Br. Beitr. IV, S. 359) scheint
sich eine Anlehnung an die u-Klasse vollzogen zu haben; ich
denke z. B. an den Einfluss von sliofan (dialektisch, besonders
ostschweizerisch schlü(ü)fe, da vor dem labial keine Brechung
stattgefunden hat), triofan u. A. Bemerkenswerth ist auch
50,38 gehülfen (A.) ohne gebrochenes u.

§ 24. *Nebenvocal vor r.* — Bemerkenswerth sind die
Reime tier : mier 41,35, 51,15, 68,4; schier : mier 62,43 (vgl.
auch z. B. das Reimverzeichniss bei Freidank S. 259). Sonst
reimt mir auf gir 8,37 u. ö.; dir auf enbir 77,27; mir auf
dir sehr oft; wir auf dir; mir auf ir; wir werden also auch
hier einen Zulaut vor dem r anzunehmen haben. In den
Zeerleder'schen Urkunden finden sich wier, ier, mier neben
Formen ohne e (vgl. mhd. Gr. § 112); bair. ist diese Eigenheit

stärker entwickelt. Die Mundart hat heute noch an diesem Zulaut festgehalten.

§ 25. *Nebenvocal vor h.* — Am selben Orte handelt Weinh. von der Entwicklung eines Nebenvocals vor h. Wir finden bei Boner: gediet : gesiet (sieht) 40,23 ; geriet : beschiet (geschieht) 57,103. Wir kommen des Ausfalls von h wegen später nochmals auf diese Reime zurück. gesiet treffe ich auch in den Zeerleder'schen Urkunden, so SS. 199 u. 371. Daneben müssen allerdings die Reime nicht : geschicht 72,37, 88,41 ; icht : beschicht 92,15, und völlig beweisend, da ja auch niet sich findet, gesicht : enspricht 38,23 ; gesicht : spricht 38,43, erwähnt werden. Nach den Urkunden (bemerke auch bei Just. 128,2 sient) zu schliessen gehören die Formen gesiet und beschiet der Mundart an.

§ 26. *duo : dô.* — Die Reime auf duo hat schon Sch. angeführt; es sind deren 10 (s. Z. f. d. Ph. VI S. 252); dagegen reimt dô 41 Mal auf vrô, alsô, vlô, hô. Ausserhalb des Reimes steht duo bei Pf. bloss 3,32, 94,61, nach B. (vgl. mhd. Gr. §§ 130 u. 131), wo man lernen wird, dass duo nicht allein al. ist. Die Zeerleder'schen Urkunden bieten duo ziemlich selten; einige Reime haben bekanntlich auch die Nibelungen. Stalder weist es in heutigen Oberländer Dialekten nach; es ist aber zu bemerken, dass dieses uo eher einem trüben û als dem uo in guot gleicht.

§ 27. *i in den Endungen.* — Ich schliesse hier noch eine Betrachtung des i in den Endungen und Flexionen an. Schon S. 8 wurde darauf hingedeutet, dass, etwa das -li der Deminutiva ausgenommen, ein beweisender Reim bei Boner nicht zu erwarten sei (eselli : bî 82,16 al. Gr. S. 235). SS. 8 und 9 hat Gercke diese Formen auf i z. Th. aufgeführt.

woselbst er auch bemerkt, dass sie, mit Ausnahme des i in dem Compositum heftishalp 77,39 organisch sein könnten. Es sind nämlich Fem. auf ursprünglich î und Formen des Conj. præt. In der 1. und 3. Pers. sing. sollten nur die sw. Verben, denen nach Braune's Untersuchung î zukommt, das i der Endung erhalten haben. Bemerkenswerth sind daneben die Neutr. hirni und stucki, sowie die Formen der Præt. præs., z. B. müezin, mügin, die weiter nichts Unerklärliches bieten. (Gercke setzt S. 8 unrichtig ahd. stuckî mit î an.) Weinh. neigt al. Gr. S. 344 ff. dazu, die i im Conj. als spätere Bildung zu betrachten (s. auch al. Gr. S. 25 § 23). In der mhd. Gr. §§ 38 und 359 spricht er sich nicht weiter darüber aus. Ich halte dafür, dass allerdings die Mundart local manches irrationale i entwickelt haben mag, wie dgl. noch heute vorkommen (vgl. z. B. Just. und Manuel) und dass Boner unzweifelhaft auch solche i gekannt hat; man bemerke z. B. das oft vorkommende urlig, ferner herbrig neben oben genanntem heftishalp (andere i gehören bloss den Handschriften an); dass aber sonst eine mundartliche Neigung zu i hin für das Alemannische speziell nicht behauptet werden kann, sondern Festhalten an dem historisch Ueberlieferten, wie sich uns dies bisher auch in andern Einzelheiten gezeigt hat. Ich kann mich hiebei zunächst auf mhd. Gr. S. 39 selbst berufen; das i begegne bair.-östr. im XII, alem. aber vom XII—XV s. Pf.'s Ansicht hierüber s. in den Wiener Sitzungsberichten XXXVII S. 281. Dem X. u. XI. s. gehört Notker an, auf dessen Sprache Braune, Beitr. II S. 125, zum Theil seine Abhandlung über die Quantität der ahd. Endsylben gründet. S. 147 bezeichnet er bei N. als ungetrübt das i in den Fem. auf i und das i der 1. u. 3. Pers. sing præt.. conj. sw. v. S. 148 in gedecktem Auslaut: 1) das i in den Endungen des Præt. conj. 2. sing. und 1., 2., 3. plur. st. u. sw. v.; 2) in der

Ableitungssylbe ig (ig). Alle diese i bezeichnet Braune daher als ursprünglich lang. In herbrig und urlig wird das ig natürlich als Ableitung gefühlt. Sind denn nicht bei Boner und noch weit später auch Formen auf urspr. ô und noch solche auf a zu finden, z. B. dannan, hinnan? (s. Braune a. a. O. S. 147 über letztere.) In den Zeerleder'schen Urkunden vergl. man besonders Nr. 859 S. 402 Bd. II. Es finden sich i in Ableitungssylben und in Compositis, ausserdem die i in den obig. Fällen, wie bei Boner wechselnd mit e. In Balms Ordnung, Mitth. des bern. hist. Vereins, II. S. 309, die ungefähr in die Zeit der Abfassung von Boners Fabeln fällt (1358), stehen so viele e im Conj. præt. als i, daneben i für iu, z. B. mini kint, mi elichi wirti. Irrational ist es in werdi (wohl geformt nach weri). C. v. A. hat weniger i als Boner (vgl. hierüber S. V. unter i). Hadloub hat berechtigte und unberechtigte i. Ettmüller hat sie im Text belassen (vgl. übrigens S. 8). Zum Schluss bemerke ich noch, dass in der heutigen Mundart wohl das lange i rein erhalten ist, etwa mit Ausnahme vor r und h, das kurze aber durchgängig getrübt ist (vor r und h kann die oben genannte unächte Diphthongisirung eintreten). Die Trübung oder Schwächung des i hat übrigens in den ungedeckten Endungen schon Notker.

Eine vereinzelte Erscheinung ist wênde (weinde) 57,25 (vgl al. Gr. § 36). Gercke nimmt S. 4 in erzöigte 16,24 öi für ei an und verweist auf al. Gr. § 69. In diesem Worte haben sich doch wohl zeigen und zougen gemischt.

b. Consonantisches Gebiet.

§ 28. *m : n*. — Den so häufigen Fall, wo m auf n reimt, stelle ich voran; die Reime finden sich bei Gottschick SS. 12, 22 und 25. S. 18 stehen die Reime von reinem m; es sind 11 Fälle auf 80. Pf. hat daher überall, wie schon

Bodmer, n eingesetzt, wo es auf m reimt. Hieher gehören auch die Fälle, wo mt auf nt reimt. (Der Uebergang von m in n ist übrigens nicht bloss alem. dialektisch, man vgl. mhd. Gr. § 198.) Der Dentalnasal scheint überhaupt seine Selbständigkeit bald eingebüsst zu haben, denn die heutigen schweiz. Mundarten lauten nicht mehr auf einfaches n aus, ausser wo Hiatus gemieden werden soll. Reime von e auf en (mhd. Gr. § 197) bietet Boner jedoch nicht wie der Wolf-Dietrich (D. H. B. IV S. X); auch dem Junker (vgl. SS. 24 und 25) sind Reime von m auf n und e auf en nicht fremd (s. mhd. Gr. § 199). An dieser Stelle sei auch der Form wen = man Erwähnung gethan (vgl. al. Gr. S. 130); aber auch «man» steht daneben, so 32,$_{27, 29}$ u. ö. Pf. ist auch hierin A. gefolgt. Sonst ist m für w der Mundart genehmer (vgl. z. B. numme = niuwan etc.).

Schon oben (S. 15) wurde auf die Eigenheit des bernischen Dialekts hingewiesen — nd durch ng zu ersetzen; 4 Mal reimt ding auf sint. Träfe Weinholds Erklärung zu (mhd. Gr. S. 182), so hätten wir hier keinen Tausch von d und g anzunehmen, sondern Abfall des t resp. d nach Nasalirung des Vocals. Noch die heutige bernische Mundart spricht zum Theil: d'Hüng etc. = die Hunde. Sonst ist diese Eigenheit md. (mhd. Gr. § 201).

§ 29. *Schwinden des n.* — Schwinden des n im Inlaut ist alem. Erscheinung; über dieselbe hat in eingehender Weise gehandelt: Dr. Staub in Frommanns Zeitschr. VII. Sie tritt ein vor Spiranten in der Stammsylbe (vgl. mhd. Gr. § 197, al. Gr. § 200). Boner hat eis, mis etc., signüft 21,$_{13}$ (signüst b) u. a. Ueber das Verhalten C.'s v. A. zu n vgl. S. VII f.

§ 30. *s : sch.* — Schon oben (S. 25) wurde von dem Wandel von s in sch als allgemeinerer Erscheinung gehandelt; wir haben nochmals darauf zurückzukommen, weil, wie dort schon bemerkt, alem. diese Asperation am consequentesten durchgeführt ist. Dort handelte es sich vornemlich um die Bindung sc, sowie in weiterer Linie um sl, sn, sw. Zwei Beweise wurden beigebracht: erlœset = erlöschet und die Schreibung z für s oder sch. Ich knüpfe an den von Weinh. al. Gr. S. 161 angeführten Vorgang des von ihm angenommenen Wandels von st in sch an; correcter drückt er sich mhd. Gr. § 188 aus, wo er die Aussprache st = scht annimmt, mit nachherigem Abfall des t, um Erleichterung zu schaffen (besonders mochte dies vorkommen, wenn noch ein Cons. folgte); so wird dieser Abfall des t zum indirecten Beweis der Asperation des s. Man beachte namentlich noch den Reim Hartmanns laste : glaste. Wenn wir ferner 57,$_{57}$ die Schreibung wuste (wischen) finden, so ist diese nur dadurch erklärlich, dass in der Bindung st ohnedies scht gesprochen wurde. Beachtenswerth ist das mehrmals vorkommende geislich, das wir im alem. Buch der Rügen drei Mal im Reim auf vreislich finden, wodurch der Ausfall des t direct erwiesen ist. So werden wir auch in den Fällen, wo vor t Sibilation eintritt, wie in leste, saste (s. Gercke S. 17), die Aussprache sch anzusetzen haben; denn C. v. A. reimt leste : beste 2415 (daselbst 1135 findet sich auch wuste). Dieselbe Sibilation ist übrigens auch md. (mhd. Gr. § 187); nur wird dort die Aussprache abgewichen, d. h. milder gewesen sein. Bernisch wird im Anlaut in einigen Wörtern, wie in Tschachtlan, tsch gesprochen, wobei romanischer Einfluss mitgewirkt hat (vgl. al. Gr. S. 159). So wird auch ss zu sch in dem Worte eptischîn : sîn 48,$_{155}$ u. ö. (al. Gr. § 193). Von einem umgekehrten Vorgang, Vereinfachung von sch in s, spricht Weinh. S. 156 und bringt dort die Beispiele, die wir soeben anders erklärt haben (vgl. dazu seine modificirte Ansicht mhd. Gr. S. 167). Paul mhd. Gr. sieht in wuste (wuschte), leste (leschte) u. A. eine durch Assimilation des sch entstandene Form. Ich bemerke das noch, weil Sch. S. 268 Anm. den Reim tisch : gewis 37,₆ im Alem. als rein ansieht; das ganze alem. Gebiet und speziell Boner hat diesen Reim nicht für rein halten können. Denkt man an die bei Closener häufig vorkommende Form geischeler, so möchte die betr. Aussprache dem Elsass zuzuweisen sein; der Reim findet sich in DEab. 35,₃₃ reimt C. valsch : hals; nach dem Consonantenstand und andern schon angeführten Gründen (S. 3) möchte C. von einem elsässischen Schreiber herrühren.

§ 31. *Verhältniss der dentalen Tenuis zur Media.* — Man bemerke in C. die ziemlich häufigen d für t, während A. im Gegentheil ächt alem. t für d. bietet, besonders im Anlaut; an dieser Stelle sind sie im Reim nicht erweislich. Da aber noch die heutige Mundart im Allgemeinen — Abweichungen localer Art kommen vor — an solcher Stelle entweder wirklich t spricht oder dann eine hauchlose Media, so haben wir kein Recht, diese t leichthin zu verwerfen. Ich bemerke z. B. torne, türsten und gebe zu, dass, der Beschaffenheit der Aussprache wegen, der Schreiber leicht schwanken konnte und zu Inconsequenzen geführt wurde. (Vgl. al. Gr. § 169 und für die heutige Mundart besonders Tobler, Z. f. vgl. Spr. XXII, 112 ff. [über t bes. S. 127 a. a. O.]: «Die Aspiraten und Tenues in schweizerischer Mundart»). Nach der Liq. l und der Nas. n lässt auch A. gern die Erweichung eintreten (mhd. Gr. § 176), z. B. 78,₅₃ rande : erkande, 56,₂₈ rande u. A. Ein Gegenstück zur Verhärtung findet Gercke auch, aber nicht mit Recht, 41,₁₂ in verdroffen, wo er auf al. Gr. § 179 verweist. ABD. haben aber vertroffen, Eab. verdrossen, und Pf. construirt seine Form bloss.

§ 32. *g : k.* — Auf die Gutturales übergehend, weise ich zunächst zurück auf S. 23, um den Reim starc : verbarc 31,11 zu besprechen. A. setzt stark : verbarg; Lach. hat zu Iwein 4098 nachgewiesen, dass Hartmann mach gesprochen. In den Nibelungen 1674 finden wir marschalch : bevalch, so dass sich also die beiden unvereinbar scheinenden Laute entgegen kommen. In dem aus Muri stammenden Passionsspiel Germ. VIII S. 285 v. 5 findet sich starch : verbarch gereimt (vgl. noch Paul mhd. Gr. S. 37 Anm., mhd. Gr. § 216). Es lässt sich wahrscheinlich machen, dass auch des Dichters Mundart diese Aussprache nicht fremd war, dass also nach r und l sich aus c eine Spirans ch entwickelt hatte. Bemerkenswerth ist, dass nach n die Tenuis blieb, dass sie aber bei Boner nicht auf verhärtetes g reimt (s. S. 23). Ebenso reimt nach Voc. nicht k : g wie bei C. v. A. 499 wâtsak : lak. Dass nun auch g spirantisch gesprochen werden musste, auch nur nach r und l, erhellt aus den Urkunden. Ich treffe bei Zeerleder die Schreibung de Habsburch et de Kiburch Nr. 540, Strasperch Nr. 549 u. ö. neben Schreibungen mit g. Es begegnen uns die Schreibungen tusench und lidich neben lidig (Nr. 697 Bd. II). Dass nach r und l die Verschiebung des k weiter ging und von der ursprünglichen Affricata zur Spirans vorrückte, bezeugen Schreibungen wie werch, werchen, kalch, march, hantwerchlüten und die heutige Aussprache, welche noch chalch, werch kennt (al. Gr. § 224, mhd. Gr. § 216). Im XIV. s. habe ich Schreibungen von ch für g nicht mehr getroffen; doch sind die Quellen lange nicht so zahlreich wie für's XIII. s. publicirt. Paul hatte (mhd. Schriftspr. S. 27) die spirantische Natur des g nach r und l als weiter gehende Verschiebung erklärt, weil er nicht wagte, das g=ch als eine verhärtete Spirans aufzufassen, welcher im Inlaut wie im md. die weiche entsprochen hätte. Später (Beitr. I S. 182) schien er gewillt, den obd. Mundarten auch eine Spirans im Inlaut zuzugestehen. Möglich wäre dies für Bern vielleicht; auch im Elsass wird heute noch die Spirans gesprochen. Elsässische Anklänge haben wir bei Boner schon einige getroffen, aber sollen wir dasselbe für C. v. A. annehmen? Jedenfalls scheint damals das spirantische g obd. bestanden zu haben, oder wenigstens muss es unserm Dichter nicht zu hart vorgekommen sein, Reime wie die genannten zu gebrauchen; auffallend bleibt, dass nur deren 2 auf mehr als 6000 Verse vorkommen, wovon der eine nachweisbar entlehnt ist; sonst reimen nur k : k und g : g. Aber nur nach r haben wir g = ch getroffen, sonst werden wir anzunehmen haben, g sei hauchlose Media gewesen; entspricht es doch in der Gem. rugge, brugge u. s. w. der Tenuis. Finden wir bei Boner sonst k geschrieben, so werden wir z. Theil mit Paul (mhd. Schriftspr.), gemäss auch der heutigen Aussprache, nicht sowohl die Tenuis als entweder, wie schon bemerkt, die Fricativa ch im Auslaut nach r (für l haben wir bei Boner keinen bestimmten Beweis), ebenso im An- und theilweise im Inlaut, oder dann die Affricata darin sehen, letzteres besonders im Auslaut nach andern Cons. als l und r, vielleicht auch im Anlaut in Fremdwörtern. Nähere Untersuchungen haben dieses schwierige Kapitel noch aufzuhellen. Nicht leicht zu entscheiden ist der Werth des k in jedem einzelnen Falle, wenn es für ch oder g, an einen andern Cons. angelehnt, auch vorgelehnt erscheint. Ich denke an Beispiele bei Boner wie ieklich, sölker und vetke, hebken $49,_{58}$ (AC.), hebke $49,_{69}$ (daher wohl auch im Nom. sing. $49,_{16}$ [Pf.'s Zählung ist irrig] habk; auf gleiche Stufe sind dieselben nicht zu stellen; sehr bemerkenswerth ist es, dass in allen diesen Fällen ein Voc. ausgefallen ist und k im Sylbenanlaut steht (vergl. dürkel). Man vergl. über die Verhärtung k aus g + h und g + ch im heutigen Dialekt

Z. f. vergl. Spr. XXII S. 118 ff., wo besonders die Beispiele aus g(e) + h resp. ch für uns beachtenswerth sind. So haben wir also bei Boner ieklich = iegelich. Auch Hadloub bietet selker und Ettm. lässt es unangetastet; wenn er aber in seiner Begründung Bleickerweg als Analogon anführt (s. Anm.), so ist das irrig; denn hier liegt ein anderer Fall vor: ch + j gibt ck(k) resp. cch. Im Worte vetke ist Assimilation vielleicht damals schon eingetreten, wie heute, wo nur vecke gehört wird. Im Aus- und Inlaut erscheint neben oben schon genanntem gg als Zeichen reiner Tenuis das dicke ck in andern Wörtern (so hat Boner dicke u. v. a. mit ck), das wir meist aus ch + j erklären können; schon ahd. begegnen wir hiefür der Bezeichnung cch (s. auch Z. f. vgl. Spr. XXII S. 119). Das ck in stecken will Kirste, «die constitutionellen Verschlusslaute» (S. 25), als Aspirata k + x erklären. So viel ist sicher, dass k bei Boner und nhd. k sich nicht decken können und dass man sich hüten muss, aus der Schreibung k rasche Schlüsse zu ziehen; wenn z. B. ahd. in alem. Quellen für germ. k das heute noch gesprochene ch erscheint, so wüsste ich nicht, wie und durch welche Einflüsse man einen Unterbruch von circa 2—300 Jahren, wo wieder k in alem. Quellen — aber nicht ausschliesslich — erscheint, erklären wollte. In dem sonst so conservativen alem. Dialekt darf man am allerwenigsten die Continuität der Entwicklung unterbrechen. Ich verweise nochmals auf Paul: Gab es eine mhd. Schriftspr. SS. 26 u. 27, bes. Nr. 6, 7, 10. Ueber gulter etc. daselbst S. 25 Nr. 2; bemerke bei Boner auch margt 53,$_{38}$, $_{57}$ u. ö. Ueber hoger 76,$_7$ u. ö. s. Germ. XVI S. 31.

§ 33. *ch : h.* — Der Reim vich : sich 67,$_{21}$ gibt uns ein Beispiel einer heute noch fortlebenden Verhärtung von auslautendem h (s. al. Gr. § 222, Z. f. vergl. Spr. XXII S. 124). Im Inlaute steht h 93,$_5$ versihe : vihe. Wie es sich in Bezug auf diese Verhärtung im Inlaut verhält, ist schon (SS. f. 25 bemerkt worden; Just. bietet in- und auslautend dieses ch fast durchgehend und zwar im Inlaut und Auslaut auch nach langem Vocal. Was den Lautwerth des ch betrifft, so möchte ich ihn, im Gegensatz zu dem oben für k gefundenen, als spirantisch bezeichnen, namentlich im Hinblick auf den Wechsel des ch mit h.

§ 34. *Ausfall des h.* — Währenddem häufig «nicht» reimt, z. B. gleich 3,$_{61}$ auf geschicht, so treffen wir auch auf die Reime gediet: niet 43,$_{75}$; ferner, um sie gleich hier zu erwähnen, auf gediet: gesiet 40,$_{23}$ und geriet: beschiet 57,$_{103}$, wo h ausfällt. Von der Entwicklung des Diphthongen vor ht war schon oben (S. 32) die Rede. Ueber den Ausfall des h vor t vgl. mhd. Gr. § 223, für's md. § 226, Germ. III S. 63. Im Texte findet sich in A meist nit geschrieben, neben der Form niut für nhd. «nichts». Pf. setzt auch im Texte nicht, so 48,$_{101}$ u. ö.; hingegen lässt er iut, niut, iutziut bestehen. Als Ausgangspunkt für die Erklärung der Form niut ist niewet, niwet aus niweht anzusetzen (mhd. Gr. § 476 S. 479). Im Dialekte muss nach den Urkunden nit gebräuchlich gewesen sein, welche Form der Notker'schen «nieht» entspricht; die Schreibung niet ist mir nie aufgestossen, mag aber der Form nit vorausgegangen sein. Abfall des h ist eingetreten in beval: zal 98,$_{67}$. Das h fehlt in diesem Worte oft auch im Inlaut (vgl. auch wel 2,$_{28}$ u. ö.); Just. aber hat bevelchen. Es ist zu bemerken, dass im Inlaut noch die heutige Berner Mundart zwischen kurzen Voc. manche ch spricht, so allg. in zechen u. A. h wird ferner ausgestossen in Verben nach langem Vocal (vgl. Sch. S. 254, wie in vân, empfân, gesân etc. mhd. Gr. S. 203). Im Verse begegnen ferner nach Diphth. ausgestossene h in zien 20,$_{30}$, vlien 32,$_{4}$ u. A. Häufiger ist dieser Vorgang md. (vergl. mhd. Gr. § 226).

§ 35. *Abfall des ch.* — hô reimt auf alsô und auf dô 49,13, 82,13; dâ auf nâ 70,9; daneben reimen hôch : zôch 16,11, nâch : gâch 67,35 u. ö. In drei Reimen dieser Art fehlt ch, in sieben steht es. Es ist daher wahrscheinlich, da Erhaltung des ch der Mundart gemäss ist, dass die Formen ohne ch nur auf Angleichung an diejenigen Formen beruhen, in denen h im Inlaut stünde (Paul mhd. Gr. S. 27). Im Verse treffen wir auf das mehrmals vorkommende nâriuwe, z. B. 22,29. Dieser Abfall des ch ist mehr md. (§ 228). In hôch hat die Mundart bis heute im Allg. das ch bewahrt, auch im Comp. hœcher (Anm.: 81,56 hat A. hôcher). Just. hat mehrmals hocher, dann auch nacher, nache u. s. f., der Mundart gemäss, die das ch ja z. Th. neu aus h entwickelte: so treffen wir auch auf empfachen Just. 10,18, verfachen 32.21 u. s. f.

§ 36. *g : j.* — Den Reim wigen : schrigen 7,21 zerstört der Zürcher Druck und setzt wig : schrien (vgl. mhd. Gr. § 203). Beispiele des Uebergangs von j in g bieten die Urkunden, Just., Manuel etc. Hier mögen auch die in den Handschriften häufig stehenden tüeg erwähnt werden, welche die Mundart noch heute kennt. C. v. A. hat nur sehr vereinzelte Beispiele. Er hat müeget 1310, vigende 2051 u. w. A. Auch im Texte hat Pf. diese g = j belassen (al. Gr. § 215, Gercke S. 12). Ueber den lautlichen Vorgang vgl. P. u. Br. Beitr. I S. 182, z. G. d. d. Spr. S. 136 Anm. Dass hier wirkliche g gesprochen wurden, kann schwerlich bejaht werden (s. Paul mhd. Gr. S. 24). Zwar wird heute noch sig (er sei) gesprochen; in einem Theile der Schweiz auch «er tüeg», in Bern jedoch wird nur «er tüeje» gehört. Ein Gegenstück würde die Vocalisirung resp. das Schwinden des g bilden (vgl. Paul a. a. O.). Beispiele hiefür könnte man in lit (ligit) sehen wollen, sofern man nicht vorzieht, blosse Contraction mit Ausfall des g anzunehmen.

c. Flexionslehre.

Um nicht zu wiederholen, brauche ich bloss auf Sch.'s Zusammenstellung S. 254 hinzuweisen. Sch. ist hiebei glücklicher gewesen, als bei der Zusammenstellung der lautlichen Erscheinungen; nur hat er wieder einiges dem Dialekt zugeschrieben, was nicht speziell alemannisch ist. Es ist schon S. 9 auf die Apokope, die Contractionen und den Abfall der Flexion aufmerksam gemacht worden (vgl. noch mhd. Gr. § 365 S. 357 und § 367 S. 360). Für's md. vgl. Z. f. d. A., XVII S. 388. Ueber die Gen. auf en vgl. noch S. 4. Abweichungen in der Decl. einzelner Subst., also ausnahmsweise st. oder schw. Formen würden passender in einer neuen Ausgabe oder im Wörterbuch aufgeführt werden. Vorläufig verweise ich auf das mhd. Wörterbuch und auf die al. und mhd. Gr. Für eine neue Ausgabe müsste allerdings, da Einzelerscheinungen vorliegen, nochmals eine genaue Prüfung der Handschriften vorgenommen werden. Natürlich ist auch auf abweichendes gram. Geschlecht der Subst. zu achten; Weinh. hat in den einschlägigen Abschnitten (al. Gr. §§ 274—276, mhd. Gr. §§ 290—293) mit Berücksichtigung Boners Zusammenstellungen gemacht. Einzelnes aus der pronominalen Flexion (s. S. 26 f. Gercke S. 15).

§ 37. *Conjugation.* — Die Conjugation betreff. ist Einiges zu ergänzen und zu corrigiren. Gercke macht S. 17 schon aufmerksam auf den in gevalt: alt 3,65 unterlassenen Umlaut. Es ist dies eine Erscheinung, die heute noch in der Mundart in der 2. und 3. Pers. sing. præs. der Verb. der sogenannten Uebergangsklasse und der redupl. Verb. auf a im Stamme, lebendig ist. Man sagt: er fallt, er lat (ladet), bachet, grabt, halt(et) etc. Es wäre dies ein Gegenstück gegen den (S. 31) bemerkten unorganischen Umlaut. Ueber die 1. Pers. plur.

wir sin resp. sint ist schon oben (S. 26) gehandelt. Dialektisch ist allerdings die von Sch. schon angemerkte Form gesîn. Das Verb haben liefert erstens den Inf. hân, oft im Reim, neben haben, z. B. haben : laben 48,95, engraben : haben 57,91, graben : haben 88,43. Besonders bemerkenswerth ist hein : klein 15,11 als 1. Pers. plur. (man vgl. al. Gr. § 374); noch heute sagt der Berner: mer hei. Hier mögen auch die von Weinh. al. Gr. S. 368 bemerkten Conj.-Formen heig u. A. genannt werden; Weinh. erklärt sie aus habege; Paul (mhd. Gr. S. 63 Anm. 4) aus hebege, gebildet nach Analogie der 1. sw. Classe. Ich finde darin eher Anlehnung an eigan. Das Part. gehebt : gelebt 48,4 steht auch in der St. Cecilia im Reim 215, 1357 und 1541 immer auf gelebt. Alle Urkunden liefern Beispiele, so auch Just.; gehebt ist gebildet, wie wenn das Verb der 1. sw. Classe angehörte.

Zu den Reimen der 2. sw. Verbalclasse auf ôt ist zu bemerken, dass sie mit Unrecht für diese Zeit als lang angesetzt werden; sie reimen, wie schon Sch. richtig bemerkt, nur auf o, auf got und spot, die unter sich selber reimen, nie auf Länge gebraucht werden. Schwankend gebraucht dieses ot schon Otfried, wie Wilmanns Z. f. d. A. XVI S. 125 nachgewiesen. Bemerkenswerth ist, dass das ot der Verba, sowie ôst im Sup. fortdauert bis auf Manuel, der noch einige Beispiele bietet. Der flectirte Infinitiv (mhd. Gr. § 383) kommt ziemlich oft vor und zwar als Dativ mit nd; ze tuonde 57,100, ze hœrende 38,45, ze vliehend 25,11; hingegen ohne Flexion 52,7, ze riten, ze wizzen 70,3 u. s. f. 79,30 hat hat A. ze rüemen, offenbar um den Vers zu erleichtern, Pf. ze rümnde. Beachtenswerth ist 79,37 dô wart der richter lachent (man vgl. hiefür altd. Stud. S. 49 zu 1092, mhd. Gr. § 412).

Den interessanten Reim entrunnen: gespunnen 23,11 (s. Varianten, mhd. Gr. § 49) weiss ich bei Just. (auch bei Liliencron aufgenommen) nachzuweisen: (frowenbrunnen : entrünnen — so schreibt Dr. Studer — 146,27). 62,12 liest A. im Verse entrünnen; 38,40 brünnent kol; wir werden also der Mundart ein entrunnen nicht zuschreiben dürfen, denn wir sehen, dass, sobald der Reimzwang ihn nicht hindert, der Dichter die gewöhnlichen Formen anwendet: ü braucht die Mundart in diesen Beispielen für i (al. Gr. § 32). 52,10 ist beachtenswerth die persönliche Constr.: die grôz wunder nâmen (vgl. hiezu Z. f. d. A. XVI,413).

An den Schluss habe ich noch zwei Punkte verspart, in denen ich Sch. nicht beipflichten kann. Zunächst will er 43,19 began als 3. Pers. plur. fassen (s. Anm. S. 254). Ich habe keinen Beweis, dass die Ablautsverhältnisse schon erschüttert wären, kann also nur zugeben, dass die Reimnoth den Dichter veranlasst habe, den Sing. für den Plural zu setzen, ein Fall, der nicht vereinzelt dasteht (man vgl. Martin z. Gudrun 12,4). Dass den Abschreibern die Stelle nicht plan vorkam, zeigen die Varianten. S. 254 bemerkt Sch., dass die 3. Pers. plur. stets « en » zeige (darum, meint er wohl, — s. S. 17 — sei der Abfall von t überaus häufig). Mir sind keine Formen in den Urkunden aufgestossen — ausser es wären Conj. gewesen —, die bloss en gehabt hätten. Bei Just. vollends und Spätern ist « ent » unorganisch in den Conj. und in das Præt. ind. und conj. eingedrungen, ja die heutige schweiz. Mundart spricht vielorts — das n hat sie ausfallen lassen — im ganzen Plur. « et » und zwar im Præs. wie im Præt. conj. (der Ind. ist bekanntlich bis auf einzelne Spuren verloren). Wir haben auch hier nicht nur einen conservativen Zug, sondern einen Durchbruch der Analogie, wie wir ihn im Sächs. finden. Elsässisch ist allerdings « en » nachweisbar (al. Gr. S. 367 f.). Nicht streng beweisend sind: gelobent : tobent 11,43; vergezzent : mezzent 22,23; sehent : jehent 52,99; aber doch tuont : gestuont 68,43.

§ 38. *Einzelne Correcturen.* — Zu 76,30 irrt Sch.; A. hat nicht bloss: har drie, sondern: gib drie har! Gegen Sch. sei noch Folgendes bemerkt: Man bemerke Sch.'s Anmerkung zu 85,29 : « ald alt haben die Schreiber geändert (A. hat auch sonst etwa ald), um die Berührung der beiden Formen zu meiden »; ald aber ist natürlich nirgends reimbelegt; Pf. ersetzt es stets durch oder; so lässt Sch. 78,3 herbrig einsetzen; man sieht, dass auch er nicht ohne im Reim unerwiesene dialektische Formen auskommen kann.

Gegen Pf. ist noch zu bemerken, dass er 19,16 wâden einsetzen will, wodurch ein noch nicht aufgeführter unreiner Reim entstünde. grôz : môs 83,4 wird von Gottschick als unrein angesetzt, weil z auf s reimt; das Wörterbuch kennt nur mos ; er wäre also auch vocalisch unrein. Ueber das a in neinû 43,62, wartâ 20,34 vergl. das neue schweizerische Idiotikon Sp. 2.

§ 39. *Syntactisches.* — Das prædicative Adj. ist flectirt 94,28 : nu ist so argez iuwer leben. Ferner: den eit wil ich stæten hân 35,38 ; wer junger tuot 19,32 (mhd. Gr. § 497); als Apposition: daz urlig halbez 29,25 (§ 506); das attributive: der valscher arzât 50,45 (§ 507). Schon Gercke hat S. 19 auf eigenthümliche Asyndeta aufmerksam gemacht. Tobler hat diese Erscheinungen in der Germ. XVII S. 260 besprochen. Ich bemerke nur, dass solche Constr. auch bei C. v. A. und ziemlich häufig bei Just. begegnen, so C. v. A. 830, 178, 983, 575. Bei Just. finden sich Stellen leicht, so 29,16, 179,16, 20 u. s. f.

d. Wortschatz.

Wie schon Gœdeke in D. D. im M. bemerkte, hat Boner sich wenig um ritterliche Sitte gekümmert, und eben so wenig um besondere Gelehrsamkeit; der Geistliche mag sich an einigen Stellen verrathen, so 85,10, 93,48, wo er von ketzerwolfen spricht. Von den spezifischen Ausdrücken des ritterlichen Lebens begegnen wenige; die eptischin schläft 48,86 in einer kemenâte; Fabel 75 vernehmen wir etwas von einem runtafel (n.). In der 51. Fabel hat das Pferd eine Decke von zendal. «minne» findet sich 2,33, 31,43; 57,2, 57,5 aber nicht im ritterlichen Sinne. In der 62. Fabel verliert der Ritter vreissan durch einen «gebûre» sein Leben, wodurch, wie auch namentlich in der echt bürgerlich-philisteriös angeknüpften Moralisirung, der Dichter sich verräth als einer, «der ungezierete wort âne grôze meisterschaft hât ze tiutsche von latîne brâcht». Aber ebenso wenig kennt er das Volksepos grossen Styls, keine Anspielungen irgend welcher Art begegnen; der «bruoder recke» 14,7 ist ein ganz gewöhnlicher Esel, der sich muss höhnen lassen. Die Fremd- und sogar die Lehnwörter sind selten; er kennt das Wort prisant 98,15, aber dieses prisant besteht aus einem «korb guoter biren vol». Die nigromanzie spuckt 94,5, er übersetzt das Wort nachher mit «Diu buoch sint swarz» etc.; man bemerke noch 99,72 das nur bei Boner begegnende «hôchkunst».

Es werden also gerade volksthümliche Wörter sein, welche Boner auszeichnen. Was die Verwerthung des von ihm gebotenen Materials anbetrifft, so ist noch einiges nachzuholen: das M. D. W. stützt sich immer noch auf Beneckes Glossar (so auch noch Lexer). Pf. aber hat aus B. manchen ächten, ursprünglichen Ausdruck aufgenommen, in dem A., das Ben. benutzte, resp. also dessen Vorlage abwich, der nun natürlich nicht in's Wörterbuch übergegangen ist. Eine Zusammenstellung der Boner einzig zukommenden Ausdrücke würde natürlich, streng genommen, manche Form aufzunehmen haben, die nur durch die Zusammensetzung, die dialektische Lautgestalt, die Flexion, das grammatische Geschlecht sich unterscheiden würde. Dieses im Einzelnen zu thun, möchte eher Sache einer Ausgabe sein. Hier mögen nur einige Formen genannt werden, ohne sie näher zu untersuchen, worauf dann am Schluss noch eine Erklärung einiger schwierigeren Formen versucht werden soll, wobei ich die Gelegenheit benutze, die freundliche, mir bei einigen Wörtern zu Theil gewordene Hülfe meines verehrten Lehrers, Herrn Prof. Tobler, zu verdanken. Als schon bei Ben. aufgeführte, bemerkenswerthe Formen nenne ich zunächst die schon erklärten:

egsbærlich 81,19 (falsche Zählung bei Pf., auch in den Varianten; C. setzt erbærlich!).

urkantnis 81,74 (ebenso falsche Zählung).

batstubenvarwe 65,33.

widerhiuze 66,5.

hoger 76, öfter; 7,21 hogrecht.

höustüffel 42,29.

gelücke-rût 75,16 (40,37 schibe); bei Just. 202,13: sich schiben.

mecke 14,9.

norn 41,28; (Stalder II,242).

schot 81,34. Eine Erklärung bei Schade² S. 802; ebenso daselbst S. 802 scharren unter schorrên.

sûfer 43,25.

tremel 25,17 erklärt, auch nach Hr. Prof. T.'s Ansicht, Ben. richtig; Pf. aber setzt in den Correct. træmel an, im Text tremel. Dialektisch existirt « træm » n.

werden für worden 47,100: sonst nicht nachweislich, wird doch wohl Schreibfehler sein. Der Zürcher Druck hat wenigstens worden.

Abzuweichen wird von B. sein in:

erzögen 4,15. Schon Lach. hat diese Form corrigirt, kl. Schriften a. a. O., wie mir scheint, richtig. Weinh. mhd. Lesebuch S. 148 vermuthet « verzuckt »; s. M. D. W. III. 937a unter erzogen.

erlaben 54,40. Weinh. al. gr. § 376 führt es «unter den sw. Verben mit st. Formen» an, stellt es also wie schon Bodmer (resp. Breit.) zu laben. Lexer stellt es zu erlaffen (s. Schade S. 530, Lexer I. 607). Hr. Prof. T. sagt: Wahrscheinlich zu lab in Käslab (Stald. II.91), also eigentlich gerinnen machen, dann bildlich befestigen, verhärten oder eintauchen — laugen. Die st. Form vielleicht des Reims wegen.

kelben 59,42. Schade sieht darin das verstümmelte kelbant; Ben. und Bodmer vor ihm bemerken nichts weiter. Lexer denkt daneben I, 1539 an kelberc; derselben Ansicht ist auch Hr. Prof. T.; kelben wäre also verschrieben aus kelber.

Unerklärt hat Ben. folgende Wörter gelassen:

beruffet 93,30. Die Bedeutung soll nach ihm «bezaubern» sein; er nimmt also beruofen an, was natürlich bei der Mehrdeutigkeit des Zeichens u angeht. Vgl. noch Pf. unter den Varianten. Man vergl. z. B. in den Urkunden S. 209 süllent von ime beruffet werden. S. 371 dazs sy wid' ingeruffet werdent. Daneben wäre, nach Hrn. Prof. T.'s Ansicht, an berupfen zu denken, im Sinn von antasten, angreifen, vielleicht auch überfallen. Vgl. it. ruffa Gezaus, Gezänk; ar-ruffare zausen; baruffa Rauferei; rätorom. barufar raufen aus ahd. biroufan = biroufjan. Diez⁹ S. 277. (rupfen, Intens. zu roufan.)

bretschen 2,8. Ben. verweist schon auf das bei St. I, 218 stehende Wort, ohne weiter zu erklären. St. erklärt das Verb brütschen, zu dem es nach Herrn Prof. T.'s Ansicht zu stellen ist, als Intens. zu brettan, was kaum angeht. Weinh. al. Gr. S. 160 erklärt dieses brütschen hinwiederum aus brestan durch Umstellung des st (scht) in ts (tsch).

gelürme 49,9. Eine Erklärung ist bis jetzt noch nicht gegeben worden. Hr. Prof. T. macht mich aufmerksam auf das bei Schmeller I, 1502 sich findende «lurmen», brummen.

Dieses Verb mochte wohl auch vom Summen der Insecten gebraucht werden und «gelürme» musste auf das Ungeziefer übertragen sein, von welchem solches Gesumse herrührt (vgl. bräme, Bremse zu brëmen, brummen; ahd. brëmo).

liwe 28,1. Man vgl. zunächst Sch. zu jener Stelle und Pf. unter den Varianten. Schon Oberlin erklärt das Wort in seinem Gemma gemmarum S. 35 und citirt die auch bei Ducauge sich findende Stelle aus Alsat. Dipl. Nr. 189. Man sehe dann noch bei Diez [4] S. 623 unter laie. Hr. Prof. T. glaubt, es sei vielleicht lienen zu lesen (XV s.; leen XVI s.), nhd. Lehne mit eingeschobenem n aus liche; s. Weig. unter Lehne I S. 1081. Man beachte auch F. 11,25 das Verhältniss von grus und kræje.

slach 63,30. Man sehe zunächst Sch. zu der Stelle S. 262. Allerdings hat A. zu 51,35 flach und nicht slach, was Pf.'s Text bietet; zu 63,30 hat es blach; slach ist belegbar aus Notker (man s. Weig. unter schlaff II S. 579).

verdroffen 41,12. In A. deutlich vertroffen; Ben. hat verdrossen und daher steht vertroffen nicht im Wörterbuch. 40,14 setzt Pf. nach A. verdrossen und so wird wohl auch 41,12 zu lesen sein.

schalle mehrmals in Fabel 69 erhält eine neue Stütze durch die Strättlinger Chronik 88,11.

Es konnte nicht die Aufgabe der Programmarbeit Gerckes sein, eine kritische Sichtung des weitläufigen Materials vorzunehmen; er gesteht den Zweck und die Anlage seiner Arbeit auf der ersten Seite auch unumwunden ein. Er beabsichtigte eine Zusammenstellung der dialektischen Eigenheiten mit gelegentlichen Bemerkungen zu einzelnen Formen zu geben. Dass Sch.'s Kritik der Pf.'schen Ausgabe, was den sprachlichen Theil betrifft, zu weit geht und auf unrichtigen, zum Mindesten sehr anfechtbaren Voraussetzungen beruht, versuchte ich durch meine Auseinandersetzungen klar zu machen. In Wackernagels Literaturgeschichte ² S. 371 Anmerk. 65 a ist Sch.'s Urtheil angeführt; ich glaube aber nicht, dass eine neue Ausgabe Boners von der Pf.'schen, was dialektische Formen anbetrifft, abzuweichen brauche, um dem Sprachgebrauch des Dichters möglichst nahe zu kommen. Im Verlaufe der Untersuchung musste an Pf.'s Ausgabe da und dort corrigirt werden, um den neuern kritischen Grundsätzen zu entsprechen, und gewiss sind auch Sch.'s Besserungsvorschläge, soweit sie die Lesarten betreffen, im Allgemeinen berechtigt.